书山有路勤为径,优质资源伴你行
注册世纪波学院会员,享精品图书增值服务

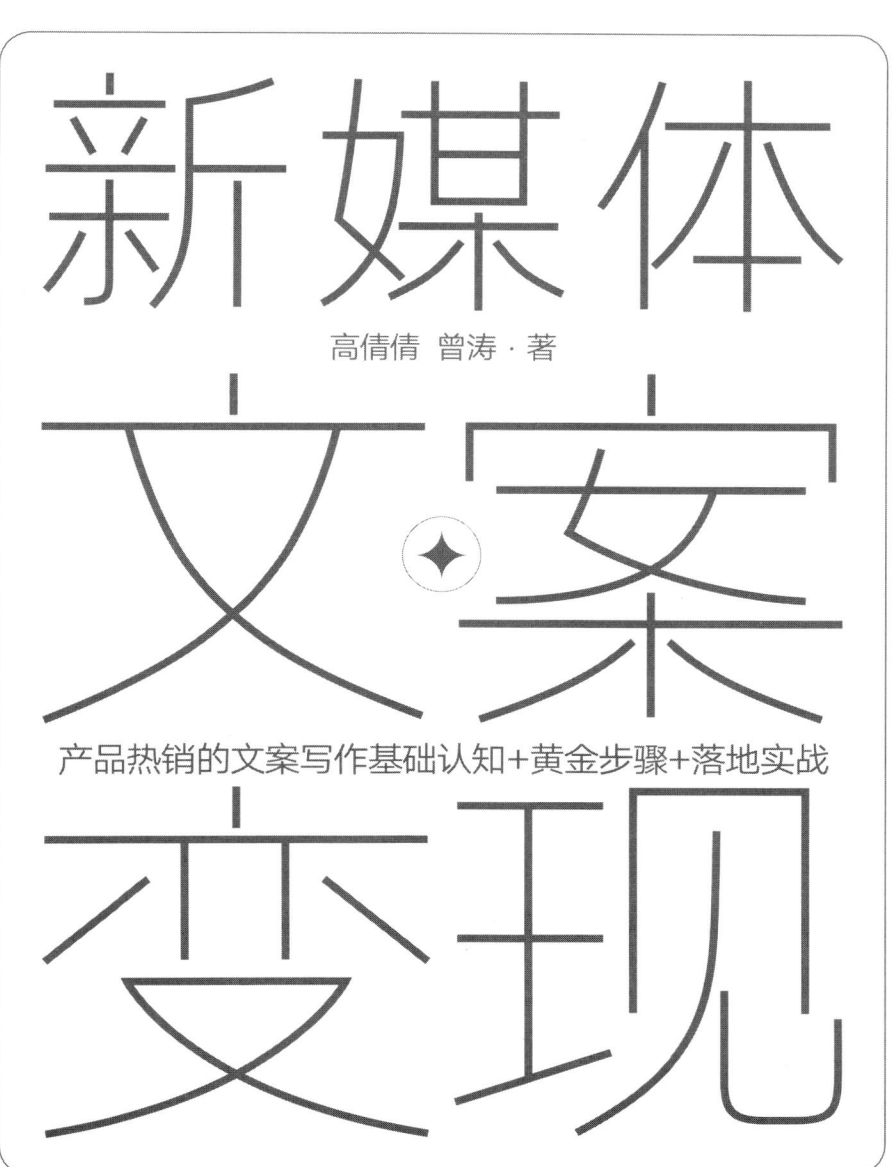

新媒体文案变现

高倩倩 曾涛·著

产品热销的文案写作基础认知+黄金步骤+落地实战

电子工业出版社
Publishing House of Electronics Industry
北京·BEIJING

未经许可，不得以任何方式复制或抄袭本书之部分或全部内容。
版权所有，侵权必究。

图书在版编目（CIP）数据

新媒体文案变现：产品热销的文案写作基础认知＋黄金步骤＋落地实战／高倩倩，曾涛著．—北京：电子工业出版社，2021.12
ISBN 978-7-121-42316-1

Ⅰ．①新… Ⅱ．①高… ②曾… Ⅲ．①传播媒介—文书—写作 Ⅳ．① G206.2

中国版本图书馆 CIP 数据核字（2021）第 229469 号

责任编辑：刘淑丽
印　　刷：三河市鑫金马印装有限公司
装　　订：三河市鑫金马印装有限公司
出版发行：电子工业出版社
　　　　　北京市海淀区万寿路173信箱　邮编：100036
开　　本：720×1000　1/16　印张：12.75　字数：221千字
版　　次：2021年12月第1版
印　　次：2021年12月第1次印刷
定　　价：66.00元

凡所购买电子工业出版社图书有缺损问题，请向购买书店调换。若书店售缺，请与本社发行部联系，联系及邮购电话：（010）88254888，88258888。
质量投诉请发邮件至zlts@phei.com.cn，盗版侵权举报请发邮件至dbqq@phei.com.cn。
本书咨询联系方式：（010）88254199，sjb@phei.com.cn。

前言

为什么有的产品，文案看上去卖点丰富，却销量疲软？为什么有的文案一经投放，就能一石激起千层浪，有的文案投放到市场后却"溅不起一点水花"？为什么有的人轻松一写就能卖货过万，有的人费尽心思却不见成效？

想一想，很多人的文案是不是这样写的："韩国原装进口面膜，超多精华！""墨西哥顶级食材，给你至尊享受。"这就犯了文案写作中的常见错误——没有戳中消费者的痛点，无法勾起消费者的购买欲望。

文案写出来了，最终检验效果的不是文案人自己或者老板，而是转化率。撰写文案的终极目的，就是成功变现，提高产品的销量，即卖货。试想，如果我们花了几天几夜打磨出来的文案，投放到市场之后却反响平平，转化率很低，那么心情一定是沮丧的。

这是什么原因呢？

有的人说："文案的转化率低是因为文字表达能力不够，文笔一般，文案写得不够好。"如果你有这样的想法，那么请你问一下自己：你会因为某一款产品的文案文采好而去选择购买这款产品吗？相信大部分消费者都没有这般感性。

事实上，很多文采好的人写出的文案转化率也很低。最大的原因是：写文案的时候，没有从消费者的消费心理出发，没有抓住消费者的需求，没有戳中消费者的痛点，是为写文案而写文案。

这就好比我们学生时代写作文，如果脱离了要求，抓不住主题，即使你的文章写得再华丽也得不到高分。文案不能获得消费者的认可，脱离了消费者的消费心理，自然不能促使消费者下单购买。

从消费行为学上分析，大部分消费者的购买心理历程包括关注、兴趣、欲望、确信、行动这五个阶段。

第一阶段：

关注。"该产品有没有吸引我的注意力？"——例如，看到"小郡肝串串香"这个餐馆名字很有意思，引起了你的关注。

第二阶段：

兴趣。"该产品是不是我感兴趣的东西？"——例如，你发现一家餐馆菜单上面的菜都是你喜欢的，你对其产生了兴趣。

第三阶段：

欲望。"该产品激起了我的购买欲望吗？"——例如，在一家餐馆看到菜单上面介绍菜的图片和文案都让你对那些菜垂涎三尺，说明已经勾起了你的购买欲望。

第四阶段：

确信。"该产品的质量是否有保证？"——例如，看到已经勾起购买欲望的产品是经过权威认证的，已达到国家安全标准，并且还有某著名艺人代言，这很可能会让你产生购买行为。

第五阶段：

行动。"该产品符合我的心理预期，可以购买。"只有当消费者产生这样的想法时，才会随即产生购买行为。

所以，能让消费者产生购买行为的文案一定是按照消费者的购买心理设计的，是一步一步来打动消费者，令其购买产品的。换句话说，能产生高转化率的文案要具备以下四个要素：吸引点、卖点、信任点，以及转化点。写文案时要通过将这四个要素与消费者的消费心理结合起来，从而提升文案的转化率。

这个过程就好像一个"相亲"的过程：首先，初次见面的两个人，对彼此的第一印象是至关重要的，要有吸引点来吸引对方（吸引点）；其次，双方互相了解，介绍自己的优势，让对方对你产生兴趣（卖点）；再次，通过多次约会来加深了解，进一步打动对方（信任点）；最后是谈婚论嫁，走向婚礼（转化点）。

本书是一本好文案的详细写作指南，能为读者提供系统的提高转化率的文案写作方法，并详细分析了转化率高的文案背后的逻辑及其必备要素。通过阅读本书，读者能够掌握文案写作的基本思路和框架，以及用好文案提高转化率的技巧和套路。

本书共有九章，包括文案创作前的准备工作、标题创作、开头铺垫的创作、激发消费者购买欲望的方式，以及建立信任的方法，以"方法+实例"的形式来详细阐述文案创作技巧。随后又以短视频文案、朋友圈文案及电商文案为例，具体阐述文案创作技巧的实际运用。

这九章内容主要解决了以下三个问题：

（1）文案究竟是什么？笔者在第1章，从文案的作用、文案创作背后的思维方式，以及消费者的诉求这三个层面具体解答了这个问题。

（2）怎样创作一篇转化率高的文案？笔者在第2~6章回答了这个问题，我们要引起消费者的注意，挖掘他们的需求和痛点，从文案的标题、开头到结尾，一步步激发消费者的购买欲望，最后引导消费者下单。

（3）文案的实际用途是什么？本书的第7~9章回答了这个问题，抖音、快手短视频实现流量变现需要创作文案；微商朋友圈卖货需要创作不被"拉黑"、反而吸粉的文案；电商卖货也需要文案带来流量。虽然在这三个领域，文案也分别有不同的创作技巧，但万变不离其宗，在本质上不会有所改变。

以上三个问题是本书解决的三个核心问题，只要弄清这三个问题，读者就能够掌握卖货文案的写作方法，提高文案的转化率，实现卖货的终极目标。笔者相信，无论是刚刚上路的文案小白，还是已经摸爬滚打多年的文案老手，都能从本书中得到意想不到的收获。

最后，以一句尊尼获加威士忌的文案与大家共勉："如果你觉得现在走得辛苦，那就证明你在走上坡路"，希望大家能够在文案创作的道路上不断坚持下去，也希望本书能够帮助大家创作出转化率高的文案，在自己的领域实现卖货的终极目标。

目 录

Part 1
文案基础认知：好文案的必备要素

第1章　下笔前，先搞清楚什么是能变现的好文案 ·············· 002
  1.1　一个好文案，胜过100个销售高手 ·············· 002
  1.2　三大卖点，助推文案变现 ·············· 005
  1.3　三种消费者诉求，实现消费者利益 ·············· 008
  1.4　五大文案附加属性，为变现加成 ·············· 011
  1.5　五种思维方式，让文案变现顺理成章 ·············· 015

Part 2
文案写作实操：写出能变现文案的五个黄金步骤

第2章　人人都是"标题党"："六用法"教你两秒内起一个吸引人的"爆款"标题 ·············· 021
  2.1　用字法：文案标题的五大黄金法则 ·············· 021
  2.2　用色法：文案创作的三大原则 ·············· 025
  2.3　用词法：四个经典方法，写出文案标题金句 ·············· 029
  2.4　用眼法：三个方法写出好标题，让文案阅读量翻倍 ·············· 034

目录

2.5 用符法：文案标题中的五大常用符号 ·· 038

2.6 用典法：没有灵感也不怕，27个常备标题范例教你快速找到
思考路径 ··· 043

第3章 一眼吸睛：好的开头只需这五招，让文案完读率提高50% ······ 047

3.1 直击要害：像钉钉子一样一锤定音 ······································· 047

3.2 独立成段：让文案的开头单独成为一个段落 ···························· 052

3.3 悬念铺垫：开头说一半 ··· 055

3.4 戳中痛点：搭建SCQA模型 ·· 058

3.5 设置情境：讲一个贴近生活还充满细节的故事 ························· 062

第4章 产品描述：用文案打造产品独一无二的卖点 ·························· 067

4.1 产品定位：利用"对标物"，逃离"知识的诅咒" ···················· 067

4.2 产品功能：具体描述，激发购买欲 ······································· 072

4.3 产品对比：描述竞品 + 描述自己的产品 ································· 077

4.4 产品吸引力：让消费者在脑海里调动自己的感官 ······················ 081

4.5 产品场景搭建：痛苦场景（具体的、清晰的）+严重后果
（难以承受的） ··· 086

4.6 产品联想：形成认知联想，促发消费者的想象力 ······················ 089

第5章 产品证明：与其"发毒誓"，不如学会用文案让产品"自证" 094

5.1 直接证明：讲述细节 + 提供数据 + 传授知识 ·························· 094

5.2 间接证明：KOL力证+案例证明 ·· 107

5.3 反向证明：打破权威 ··· 115

第6章 消费触动：制造"五感"文案让消费者看完就买 ···················· 119

6.1 制造划算感：先展示其他产品贵的价格，再展示你产品的划算 ···· 119

6.2 制造有用感：让消费者觉得此商品是花钱少，但能取得
高价值的好货 ··· 123

6.3　制造稀缺感：七大手法，制造稀缺感文案 …………………… 127

6.4　制造遗憾感：越害怕失去，越容易下单 …………………… 131

6.5　制造紧迫感：帮消费者克服购买前的犹豫感 …………………… 135

Part 3
文案变现实战：让能使产品热销的三种文案落地

第7章　短视频文案：如何在15秒内用文案构成画面，让人"剁手" … 140

7.1　常见抖音、快手短视频文案的写作方法 …………………… 140

7.2　借鉴法：肚子里没墨水，也能打造高流量文案 …………………… 143

7.3　模仿+四维还原法：瞬间找到"抖音感""快手感" …………………… 146

7.4　Vlog法：激起抖音、快手用户的创作、互动、传播热情 …………………… 150

第8章　微商朋友圈文案：五大技巧，教你写出刷屏级的微商文案 …… 153

8.1　怎样写出一发就卖货的高转化率文案 …………………… 153

8.2　卖货先"卖人" …………………… 157

8.3　卖点筛选三大步骤 …………………… 160

8.4　深谙心理学的微商朋友圈文案写作模板 …………………… 163

8.5　"确认过眼神，是买货的人"——微商文案合集 …………………… 165

第9章　电商文案：要想产品大卖，你的电商文案应该这么写 …………… 168

9.1　解析电商文案撰写全过程 …………………… 168

9.2　写出引爆销售额的电商文案，不能错过这六招 …………………… 175

9.3　访客量暴涨，入口文案怎么写才能最吸睛 …………………… 181

9.4　一份转化率超85%的详情页文案模板 …………………… 186

9.5　好文需要配好图 …………………… 190

Part 1

文案基础认知：好文案的必备要素

第1章

下笔前，先搞清楚什么是能变现的好文案

一个好文案胜过100个销售高手。但在创作能卖货的好文案之前，文案创作者需要了解文案到底卖的是什么，学会文案的创作思维，并弄懂消费者的诉求，从而为创作出好文案打下坚实的基础。

1.1 一个好文案，胜过100个销售高手

有多少人在看见"孔府家酒，叫人想家"这一文案后，喝酒必点孔府家酒？有多少人在看见"既已看淡风云，又怎会被小小烟云遮住眼睛？"的文案后，而对这句话念念不忘？又有多少人是因为看见"钻石恒久远，一颗永流传"的文案，而将钻石视为婚姻的象征……

文案带来的力量不可小觑，好的文案仅仅三言两语便能抓住消费者内心的情感，引导消费者的消费行为。由此可见，一个好的文案，胜过100个销售高手。

1.1.1 好文案=印钞机

我有一个朋友小张，创建了一家零食研发制造公司，在短短24小时之内，便赚到25.6万元。这让人觉得十分疯狂和不可思议，问其原因，他归功于好文案。

他与公司的文案团队，整整用了12天，打磨出了一个文案，并将其投在了一个粉丝数量很多的公众号上。当时他十分忐忑，毕竟不是所有的文案都会带来经济效益，而且投放这个文案的广告费用为6万元，这对于一家刚起步的创业公司而言，并不是一笔小支出。

文案发布后，他一直紧紧盯着后台数据，随着文案阅览人数的增多，订单数量也在疯狂增长，3万元，6万元，8万元……整个创业团队的人都情不自禁地为此欢呼！

另一家创业公司听闻此事后，也在同一个公众号上投放了文案，效果却不如我朋友的公司。最后，经过讨论发现问题在文案上。这家创业公司的文案有些普通，无法吸引更多的消费者。

从上述案例中，我们可以发现，文案已经成为销售的重要手段。对于客单价不高的产品而言，24小时赚25.6万元，是100个销售人员使出浑身解数都难以达到的目标。

当然，并不是所有的文案都能胜过100个销售高手，好文案往往事半功倍，不合适的文案会弄巧成拙。例如，新氧App的广告文案"女人美了，才完整"，引起了众多网友的"炮轰"，其鼓吹女性整容，宣扬整容至上的言论，严重违背了主流价值观。

由此可见，写出一个好文案就是拥有了一台印钞机，会带来相应的收益。写好文案，你可以打造一款爆款产品，可以用文字引导消费者的情绪，可以改变一个企业的发展轨迹，甚至可以改变自己的人生。

1.1.2　好文案是营销利器

一个好的文案能够拯救一家企业，也能带火一个品牌、一款产品。

也许在五年前，这些话会让你以为我是传销，但如今，在这种"文案营销至上"的时代背景下，这不再是忽悠人的话语，而是走向成功的工具。如果你仍不相信，我们可以从完美日记的崛起中见识文案营销的力量。

完美日记是在2017年创建的国货品牌，有许多人在2019年之前都未听过这一品牌，但完美日记在2019年突然爆红，其文案功不可没。2019年8月，完美日记推出用唇印制作出来的人气偶像画像海报，上面的文案如下：

> 为你坚持最初的梦想，我猜你会爱上我。
> 告诉你我的秘密，我想一直在你身边。
> 十分出色的我，只差你一吻。

这三句文案单看没有独到之处，但配合人气偶像唇印画像，瞬间提升了整张海报的魅力。在2019年9月9日的大促活动中，完美日记夺得天猫彩妆行业的第一名，在60秒内成交24639笔订单。自此之后，完美日记成为大众耳熟能详的国货品牌。完美日记能如此火爆，文案在其中发挥了巨大作用。

1.1.3 好文案配备好产品，实现文案变现

在看了这些成功案例之后，你是否已经摩拳擦掌，准备利用文案大干一"笔"？但在这之前，你需要明白"好文案能够胜过100个销售高手"成立的前提条件，那就是好产品。如果你的产品质量不过关，即使文案写得天花乱坠，吸引了消费者前去购买，随后也会获得一致差评，这对你的品牌的未来发展极其不利，甚至会葬送未来。

因此，好文案必须配备好产品，只有这样才能内外兼顾，将产品打造成为爆品，实现卖货目的。例如，方太油烟机的质量获得了消费者的一致好评，其文案《油烟情书》将油烟机的热度提升了一大截。其文案部分内容如下：

> 至吾爱：
> 　　纵使世间多繁华，最美不过与你粗茶淡饭，直到雪漫青丝。

这个文案把讲述李建国、丁琳这对夫妻长达50年的浪漫爱情的书信作为主体，让消费者形成"方太油烟机可以将一日三餐的油烟化作爱的印记"的认知，让许多消费者沉浸在文案营造的情感氛围之中。消费者在有购买吸油烟机的需求时，就会第一时间想起方太。

方太用好文案与好产品，打造了好口碑，在消费者心中留下了深刻的印象。

当然，好文案是一把双刃剑，只有在产品好的前提下，才是促进品牌发展的利器，相反则是加速品牌口碑毁灭的催化剂。在当下时代，"好文案+好产品=成功营销"这一公式已经成为营销人的宝典。

【读者挑战】你曾经是否写出过不卖货的文案？如果有，请先静下心来，仔细思考一下为什么会失败，是因为产品，还是因为文案？抑或其他原因？

1.2 三大卖点，助推文案变现

出门逛街，"vivo X20，逆光也清晰，照亮你的美"的广告牌随处可见；在家看电视，"怕上火，喝王老吉"的广告语时刻在耳边响起；上网冲浪，网页的前几名都是广告推广……广告已经与我们的生活紧密相连。文案作为广告的核心，如今更是备受瞩目。

在人人强调文案的今天，许多人都了解文案的重要性，却不明白文案写作的目的是什么。这种对文案模糊的理解，让许多文案创作者在创作文案时，抓不住中心，成为他人眼中的"自嗨"。

那么，文案写作的目的是什么呢？

1.2.1 卖产品

借用淘宝某直播达人的一句话："Oh my god，买它！买它！"，便足以表明市场上大部分文案的作用——卖产品。文案最基础的作用就是卖产品，提高产品销量，其根本目的是实现变现。

当然不是所有的文案都会如此直白地表明"买它"，许多文案是通过与其他产品的对比、阐述自身的优点等方式，凸显自己产品的优势，从而吸引消费者前来购买。文案变现的周期可长可短，但变现的本质不会发生改变。

例如，百达翡丽的广告文案："没人能拥有百达翡丽，只不过为下一代保管"，通过强调自身的保值性来吸引消费者；淘宝的"淘不出手心"将自身"货多、覆盖面广"的特点展现得淋漓尽致。这些文案都是吸引消费者，实现流量变现的载体。

又如，小米与华为的"文案之战"。小米手机将"永远相信美好的事情即将发生"作为自己的宣传文案，华为手机便推出"更美好的事情已经发生"的文案，借此来与小米进行竞争。文案已经成为各个企业应对竞争的武器，成为市场营销的重要因素。

无论是迅速卖货，还是获取竞争优势，文案的背后都与利益挂钩，而最直白的显现方式便是"卖产品"。

1.2.2 卖概念

如今，随着消费者受教育程度的提高，他们对广告的认知产生了变化，对许多文案营销开始抱着怀疑态度，这使得太过直白的文案已经无法让消费者打开钱包了。要改善这一情况，各个商家与企业开始通过文案来卖概念，进行长期的品牌力量积淀，以实现长久的卖货变现目的。

1. 卖概念的具体内涵

朋友的牛排店新开业，请人做了一个广告屏幕，上面的文案如下：

> 我们店有最棒的牛排，原材料全部进口，并专门聘请国际营养大师，以最适合人体需求的营养比例烹调而成，你要不要来尝一尝？

这个文案广告牌的效用并不明显，店里的消费者不多。在经过与店员的商讨之后，朋友将文案改为：

> 闭上眼睛，听牛排在烤架上嗞嗞轻唱！让舌尖品尝新西兰的味道！

将这个文案放出去的第一天，前来消费的顾客明显增多，之后甚至还在店门口排起了长队，牛排的客单价也是"水涨船头高"。

都是以卖货为目的的文案，为何两者的效果却是云泥之别？第一个文案直白地强调牛排的高质，而第二个文案通过细节描述，将烤牛排时嗞嗞作响的声音，用文案重现在消费者的脑海中，勾起了消费者的食欲。

从两者的差别来看，前者属于单纯的卖产品，而后者通过细节加工，卖的是产品的概念。概念就是反映产品本质属性的一个抽象性描述，它包含产品的形状、气味、设计特点，以及该产品所特有的精神内核等。

例如，大众甲壳虫汽车的"想想还是小的好"文案，凸显其自身的"小而精"的产品化概念。

又如，拍立得相机的"10秒冲洗好照片"文案，凸显快速出片的产品概念。通过概念的展示，吸引消费者的目光，促进产品的长远发展。

文案卖点不是对短期利益的追求，而是对长期发展的诉求。从上述案例来看，文案的目的虽然是卖货，但其本质是让销售退居二线，让文案成为长远利益的催化剂。文案卖的产品概念就是一种创意、定义，是一种独特的营销手段。

2. 卖概念的具体意义

许多自媒体人了解文案，知道文案的流量可以用钱买到，但这种方式十分烧钱，还费时费力。虽然能够打造出产品很火爆的现象，吸引消费者前来购买，但这种单纯以销售为首要目的的文案已经不再适合当今时代了。

如今，各个企业与商家都已经意识到可持续发展的重要性，开始注重品牌口碑的打造。而通过文案卖概念可以帮助企业与商家塑造良好的形象与口碑，实现长远发展。

例如，一句"鸿星尔克，To be number one"的文案，让多少人记住了鸿星尔克；一句"为发烧而生"让多少人成为小米的忠实消费者……这些文案着重表现自身的品牌精神，希望通过价值观的传递，与消费者建立更紧密的联系。

1.2.3 卖痛点

有人认为现在的文案都是贩卖梦想、贩卖焦虑，而未实现的梦想、焦虑恰好就是消费者的痛点。归根结底，文案卖的是消费者的痛点。消费者购买产品必定是因为这款产品戳中了他的某个痛点，而文案就是戳中消费者痛点的工具。

网上曾流传一句话："21世纪没有诗人，他们都藏在广告公司里做文案。"由此可见，文案并不只具备功利性，也具备某种"诗意"。文案就是发掘产品"动人"的一面，增加产品与品牌的附加值，让它们不会轻易被市场淘汰。成功的文案并不是将成本不到1元的矿泉水卖到30元，而是要让消费者认为这瓶水必须卖到30元。

例如，左岸咖啡的文案：

> 午后一场意外的雨，让我在一个下午见识了五个会读心术的人，喝了一下午的咖啡。

此文案刻画出与咖啡有关的生活场景，为消费者营造富有哲理的、带有浪漫气息的格调，让消费者不再将目光放在价格上。与其说消费者购买的是左岸咖啡，不如说他们是为格调消费。

左岸咖啡卖的不仅是咖啡，更是消费者的痛点。曾经的文案也许只是用官方的语言告知消费者这款产品很好。如今的文案却是在告诉消费者："你需要的不仅是这款产品，而是更美好的生活"，然后再凸显产品的优势。

虽然这样的文案的变现周期很长，针对的人群也不全面，但那些被文案戳中痛点的消费者会对产品产生"一见倾心"之感，进而非买不可。

创作文案，你需要"想象你的消费者就在眼前，具体到性别、年龄、穿什么衣服，现在开始用笔和本子跟他交谈"。

通过这样的想象，让身份发生转换，让你从消费者的角度出发，创作更具"温度"的文案，引起消费者情感上的共鸣，或者引导他们进行一次情感的宣泄。

在创作文案之前，你需要明白文案的最终目的虽然是卖货，但它的本质是卖概念、卖痛点。只有有温度的文案与高质量的产品相结合，才能实现最终的变现目标。

【读者挑战】许多人认为现在文案营销大行其道，是在消耗消费者的感情与情怀，你认同吗？为什么？

1.3 三种消费者诉求，实现消费者利益

能卖货的文案必然是能够满足消费者诉求的文案。因此，在创作文案前，只有对消费者诉求有清晰的认知，才能在文案创作中戳中消费者的痛点，创作出直击人心的文案。

1.3.1 利益诉求

消费者购买产品本就是寻求利益诉求，满足需求的一部分。

在创作文案之前，你要明白自己的产品能够给消费者带来怎样的利益。如果你创作的文案只是将消费者吸引过来，而无法满足消费者的利益诉求，消费者很可能会对你的产品与品牌产生反感。

有部分文案新手在进行文案创作时，会喋喋不休地描述产品的特点，让消费者失去耐心。这就是没有抓住消费者的利益诉求。假设你的产品是一款充电宝，公司旗下的文案创作者，写出了这样两个文案：

> ××充电宝，20000毫安大容量，超薄轻巧便携带，你值得拥有！
> ××充电宝，充一次，用两天！

虽然上述两个文案都有些"其貌不扬"，但第二条明显比第一条更有可能击中消费者的心。从这一案例来看，文案不能只注重展现自身优势，还需要简单明了地告诉消费者这款产品能够给他带来的具体好处。满足消费者的利益诉求是创作成功文案的第一步。

假设你的产品是床，那么文案的关注点不应是床本身而应是睡眠体验，因为消费者想拥有一个好的睡眠环境。消费者购买床，是为了满足自身"创造良好睡眠环境"的利益诉求，这才是消费者购买床的关键。你在创作文案之前，需要透过现象看本质，了解消费者真正的利益诉求。

1.3.2 心理诉求

消费者有时购买一件产品，并不会以满足自身的实际利益诉求为出发点，而是要满足自己的各种心理诉求。

1. 好奇心

好奇心是促使人采取行动的最强驱动力，许多文案就是通过激发消费者的好奇心来实现卖货目的。例如，某膨化谷物品牌广告的成功，其文案如下：

> 枪膛里射出的食物！
> 每颗谷物内部发生了1.25亿次蒸汽爆炸。

这样的文案通过描述一个动态画面，成功地激起了消费者的好奇心，使该膨化谷物品牌为大众所熟知。而在这之前，许多有关膨化谷物文案的实践均未成功。这从侧面表明了消费者好奇心的应用在文案创作中的重要性。在淘宝上还有卖富士山空气的店铺，这类产品能够成功销售与对消费者好奇心的应用密不可分。

2. 贪图便宜的心理

许多品牌都会在特定的节日推出折扣优惠活动，其文案经常会出现"不买就是亏了"等语句，充分地将消费者贪图便宜的心理激发出来，从而提升产品销量，扩大品牌的影响力。

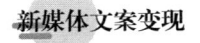

3. 攀比心理

许多女孩子省吃俭用，去买名牌包、珠宝等奢侈品，这在一定程度上是攀比心理的结果。许多文案将攀比心理运用到创作中。例如，古驰Envy Me（嫉妒我）香水的文案：

> 若让别人嫉妒，就该拥有嫉妒。

这一文案将攀比心理因素加入到文案之中，与香水名字相呼应，既凸显产品的特质，也表现品牌的精神内涵。

攀比心理的运用并不是将那些负面的情绪放入文案中，而是通过比较，让消费者产生一种"高贵感"，从而对品牌产生向往之情。

4. 求异心理

消费者大多数是平凡之人。但有时又无比渴望自己与其他人产生差异，以保持自己的独特性。针对这一心理，许多私人定制的服务开始兴起，提供特色化的产品，来满足消费者的求异心理。

例如，某服装定制店的文案："成为你的私人服装定制专家，打造独一无二的美"。难道换一件衣服，就能成为独一无二的人吗？其实消费者心里很清楚，但还是选择购买，这就是基于自我价值肯定的求异心理的推动作用。

1.3.3 精神诉求

消费者的精神诉求与心理诉求有异曲同工之妙，但在本质上却有所不同。心理诉求更多地倾向于现实结果，而精神诉求则更多地倾向于精神世界的充盈与构建。

例如，我们上文中提及的左岸咖啡的文案，通过哲学式的优美文字，给消费者营造一个充满浪漫格调的氛围，这种氛围才是消费者真正的消费对象。格调消费就是精神诉求的一种。

随着经济的不断发展，人们的生活水平得到显著提高，消费者对精神世界的需求逐渐提升。通过文案抓住消费者的精神诉求已经成为文案领域的未来趋势，越来越多的品牌将精神诉求方面的因素放入文案中。例如，江小白的文案：

> 一个人行走的范围，就是他的世界。

整个文案营造了一种孤独感，这样的文案会与消费者产生共鸣，引导消费者进行情感宣泄。如今，许多人都是负重前行，压力巨大，可是内心的情感却无处宣泄，堆积在心头。江小白通过文案与产品为消费者提供了一个宣泄情感的出口，这使江小白在消费者心中占据一席之地。

追求生活的格调、情感宣泄等都是消费者的精神诉求。如果你在创作文案时能够将这些因素融入其中，将会赋予文案"温度"，打造出"走心"的文案。

以上三个层面就是消费者的诉求，想必通过上述解释，你对消费者的诉求有了一定的认知。如果能够将这些诉求因素与文案相结合，必然会形成火花，最终呈燎原之势，实现卖货变现的目的。

【读者挑战】将你曾经写过的文案找出来，仔细看看你的文案能够满足消费者的哪些诉求？并从中总结经验。

1.4 五大文案附加属性，为变现加成

"不能卖货的文案就是耍流氓"，这是许多文案创作者都默认的行业规则。但有许多文案创作者对文案创作的认知十年如一日，依旧停留在卖货层面，从而无法从更高的层面与立意上去创造出脍炙人口的文案。那么除了卖货，文案还有哪些作用呢？

1.4.1 承载品牌和产品战略

纵观文案史，许多传播广泛且流传久远的文案，看似平淡无奇，有的甚至只有一句话，却能让各位广告人叫好，让众多消费者买单。这些文案的背后不是创意，而是品牌和产品战略。

例如，脑白金最早的广告文案：

> 今年过节不收礼，收礼只收脑白金。

即使不购买脑白金的人，都对这个广告记忆犹新，其文案功不可没。该文案将脑白金与社会送礼风俗巧妙地融合到一起，让脑白金有更长远的发展。这就是

其广告文案背后的品牌和产品战略意义。

由此可见，文案是品牌和产品战略的载体，而不单单是创意承载物。那么，如何让文案在创意上突破，成为品牌和产品战略的承载物呢？下面以某市的一家大型口腔医院甲医院为例，谈谈文案实现承载战略效用的关键因素。

1. 明确竞争对手

在某市，口腔医院的数量较多，竞争较为激烈。甲医院的主要业务为植牙业务，因此它的竞争对手是与其业务领域高度重合的口腔医院。其中，乙医院主打德国植牙技术，满足消费者的高端需求，其作为植牙行业老大，是甲医院最大的竞争对手。

明确品牌与产品的竞争对手，是创作承载品牌和产品战略文案的基础。在竞争对手不明确的情况之下，创作文案，对产品未来的发展并无用处。

2. 寻找竞争对手的短板

乙医院虽然业务能力强、技术先进，但价格远远高于其他同业务领域的口腔医院。即使许多消费者有口腔护理的需求，第一时间就能想到乙医院，但往往都会被过高的价格劝退，在美团等电商平台上，乙医院的评价并不理想，这让消费者大量流失。其短板在于主打高端消费，但消费者并不愿意买单。

因此，甲医院在创作宣传文案时，可以针对乙医院的短板，用"平价"推广宣传，借此吸引消费者前来体验消费。

3. 分析市场，找出自身优势

最近几年，私人口腔医院在市场上迅速崛起，满足了人们日益增长的需求。不同的口腔医院有着不同的细分市场与优势，有的主打先进技术，如德国植牙技术；有的专注某一领域，如儿童口腔领域。

与甲医院相比，乙医院经营面积大、硬件设备质量高、运营能力强且植牙经验丰富。这些优势，让乙医院能够为消费者提供更加优质的标准化服务。

因此，甲医院在创作宣传文案时，需要避开其锋芒，找准自己的优势。在市场中，既有公立医院的价格，又有私立医院的服务质量的医院少之又少，甲医院可以以此为切入点，创作宣传文案，扬长避短。

这样的文案可以用"公立医院的价格，五星级酒店的服务"来实现文案的表达。从而表现自己的优势，吸引消费者的目光。

1.4.2 协同品牌定位

好的文案不仅能够达到卖货的目的，还能协同品牌定位。

曾经有一家以绿茶为主打产品的企业，该企业产品的最低价格就是一饼茶1000元，但文案却是：

> 让中国老百姓喝得起的好茶！

这一文案与其品牌定位自相矛盾。其价格对应着中高端市场，但文案却对应平民百姓，这种自相矛盾，会让消费者产生认知混淆，并对品牌丧失信任感。这便是文案的反面教材。

江中牌健胃消食片的文案与上述案例呈现鲜明对比。其定位为"日常助消化用药"，虽然在文案中并未直接表明定位，但通过文案"肚子胀不消化，饭后嚼一嚼"让消费者明确这一产品的定位。健胃消食片淘宝店铺文案如图1-1所示。

好的文案能够向消费者传递自己的产品与品牌定位，并将持续影响消费者的消费行为。

1.4.3 彰显品牌和产品的地位

一提到大猩猩，大家都会想到它的代表性动作拍胸脯，觉得很有趣，但大部分人都不知大猩猩为何要拍胸脯。实际上，这是大猩猩在遇敌时，彰显实力，吓退敌人的动作。

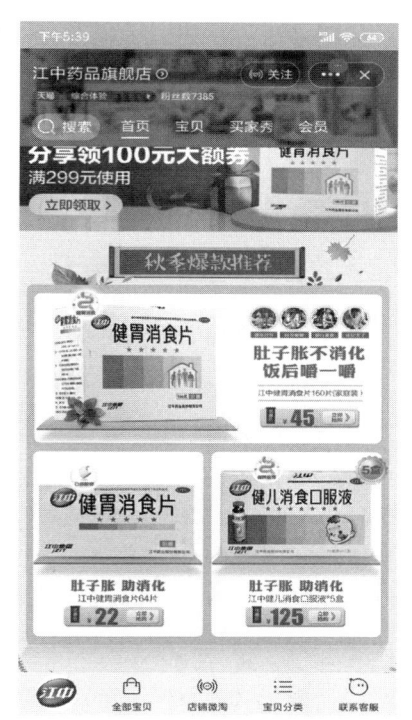

图1-1　健胃消食片淘宝店铺文案

一些商业领域的龙头企业也喜欢通过捐赠等项目来展示自己的财力与实力，从而让自己在气势与实力层面上压制住其他企业。

商业广告的文案也能起到如此作用，企业可以用文案来彰显自身实力，对竞争对手造成气势上的压制，确保自身在消费者心中的地位。

例如，王老吉就是其中的典型代表。一句"怕上火，喝王老吉"的文案，在消费者心中烙下了"凉茶第一"的印记，从而彰显自身的品牌价值。消费者在怕上火或者上火的场景之中，就会想到王老吉。

许多大牌企业都会通过文案来展示自身的实力、彰显自身的地位，从而为占据更多的市场份额打下基础。不论你的企业是否有名，都应该用文案去展示自己，让更多的消费者了解你的品牌。在不断向消费者展现的过程之中，进行改进与完善，从而打造一个良好的品牌口碑，促进企业的可持续性发展。

1.4.4 强化人格属性

文案往往与企业的品牌精神挂钩，好的文案往往能够赋予品牌温度，促进品牌的人格化。

例如，在提及品牌的温度与走心的文案时，第一时间想到的便是香飘飘奶茶，其文案如下：

> 小饿小困，喝点香飘飘！

这样的文案，让一个具有文艺青年气质的白领形象跃然纸上。又如，奥利奥总是在"用心讲故事"，既能透露品牌针对中国社会的观察思考，也能展示品牌对消费者的诚意、真心。其推出的视频《两面的爸爸一样的爱》，通过趣味性地呈现爸爸用心带娃的一面来为爸爸群体"正名"：

> 两面的爸爸一样的爱，玩在一起，爱不缺席。

这样温情十足的文案，将奥利奥打造成增进爸爸与孩子间互动连接的温馨桥梁。

这些有温度的文案一方面诠释了品牌精神，另一方面强化了品牌的人格属性。这两个层面都是提高转化率的重要因素。

例如，耐克的"Just do it"的口号文案，诠释了勇往直前的品牌精神，强化了"勇于承担"的英雄人格属性，让热爱运动的消费者对耐克产生情感偏向。

相关研究表明，人们对与自己在人格、价值观等层面相似的人的接受程度更高。文案塑造的品牌人格形象越具体，便越能吸引与其人格相似的消费者。这便是品牌通过文案实现引流变现的有效方法。

1.4.5 号召消费者行动

马丁·路德·金曾说："有信心地踏出第一步，你不需要看到整个楼梯，只要踏出第一步就好。"文案就发挥着第一步的作用,通过抛砖引玉,号召消费者的行动。

例如,"来一场说走就走的旅行"被运用到与旅行相关的各类产品、品牌的文案宣传中。通过这句文案引导消费者去旅行,从而购买相关的旅行产品。

文案就是你的营销武器,虽然使用的场景与发挥的具体作用不同,但最终都是为了品牌的长远发展与长期变现,有"放长线钓大鱼"之感,而非短期卖货赚快钱。当然,恶意"薅羊毛"的企业另当别论。

综上所述,当你在创作文案时,不能与市场、竞争对手、品牌定位等关键因素脱节,只有各方面相辅相成,才能创作出效果最明显的文案,推动品牌的长远发展。

【读者挑战】根据你创作文案的经验来分析一下,除了以上作用,文案还能发挥哪些让人意外的效用?

1.5 五种思维方式,让文案变现顺理成章

文案的创作过程,是你的思维具象化的过程。要写出成功的文案,你需要掌握以下五种思维。

1.5.1 故事性思维

> 那么,我要为了成为优质的葱鸡肉出发了!
> 啊,早知道应该把刚生下的蛋也一起带在身边。
> 怎么可以在这种地方被吃掉呢,绝对不能!
> 你好,你们的食材来了。

这样一组鸡肉料理文案与图片的良好配合,向消费者展现了一只鸡成为鸡肉料理的旅程故事,是不是让人感觉文案有温度,鸡肉料理也变得有灵魂了?

这种文案创作的思维方式就是故事性思维,通过构建故事场景,引起消费者的兴趣。故事型思维能够让文案变得有血有肉,更容易走进消费者的内心。正如

新媒体文案变现

尤金·施瓦茨所言："广告文案的任务是启发、引导欲望"，故事性思维便是引导兴趣与欲望的有效方式。

在用故事性思维创作时，最关键的点在于巧妙运用情感联系，抓住消费者的情绪，并尊重消费者的个性。例如，在撰写"双11"促销活动文案时，如果没有故事性思维，很可能写出这样的文案：

> 双11，××家居旗舰店是你的省钱专家。

在运用故事性思维修改之后，可读性明显提升：

> 双11，我在××家居旗舰店订购衣柜时，我的丈夫笑我，在我省下50%的钱后……

这样的修改就是运用了故事性思维，当然上述案例只是提供一个思路，读起来可能并不好。并不是所有的产品都适合故事性思维的文案创作，如果你的产品的目标群体追求实用，用故事性思维的创作文案，可能就无法获得消费者"芳心"，直接具体的文案可能更容易被接受。

因此，在提笔之前，要根据自己的产品定位、消费者的特征等，判断是否适合使用故事性思维创作文案。

1.5.2 好奇心缺口思维

> 凌晨4点，黑龙江双城的10万头奶牛起床了。（雀巢咖啡）
> 被欺负过的蔬菜都是好吃的菜。（日本某腌制蔬菜品牌）

这样的文案是不是看了就想点进去进行深入了解？是不是特别想要了解文案中的产品？这就是利用好奇心缺口思维创作出的文案，它们的共同点是"犹抱琵琶半遮面"，通过制造悬念来引起消费者的好奇心，增加文案的点击率，实现卖货目的。

联合利华旗下的香氛品牌AXE的文案就是利用好奇心缺口思维创作的：

> 一个外表潇洒的男人走来，路人纷纷猜测他是何方神圣。我觉得他是世界级整容医生！他是地下拳手吧！我打赌他是超级特工！在文案最后才说明他只是一个使用了AXE止汗露的饭店服务生。

通过开头的一个问题，让消费者在心里猜测这是谁，以此引起消费者的好奇心，文案末尾的答案增加了消费者对产品的印象，有效地提高成功卖货的概率。

你在进行文案创作时，也可以采用好奇心缺口思维，但前提是必须抓住消费者的兴趣点，才能做到对症下药，将消费者的目光与关注点集中到产品身上。

1.5.3 蜜柚式思维

蜜柚式思维是一个抽象的概念，其本质就是类比思维。通过这种思维创作文案，可以让消费者将文案内容与自己熟悉的事物联系起来，从而对产品产生深刻的印象。

假设你的产品是蜜柚，那么在形容蜜柚时，可以用这样的文案：

> 蜜柚是一种外壳很厚且很软，尺寸超大的葡萄柚。

这就是运用蜜柚式思维写出的文案，通过将蜜柚与葡萄柚对比，并将两者之间的差别展现出来，从而让人在脑海中形成一个具体的形象。你在进行文案创作时，也可以采用蜜柚式思维，在消费者的脑海中勾勒出产品形象的画面感，提升消费者对产品的兴趣。

我们以三星与小米的文案为例，来具体阐述蜜柚式思维创作文案的方法：

> 全新的超薄机身设计。（三星Notebook）
> 小米笔记本Air，像一本杂志一样轻薄。

前者就是开门见山，而后者采用了蜜柚式思维，通过杂志与笔记本的类比，向消费者展示小米笔记本的轻薄，让消费者对小米笔记本建立一个形象而清晰的认知，从而激发追求轻便性的消费者的购买欲。

在通过蜜柚式思维创作文案时，找出的类比物必须与产品某方面突出的特质有关，或者与产品有着内在的联系，这样才能让消费者在脑海中形成独特的产品形象。假设你的产品是口红，你可以将红色的浆果、红枫叶等作为类比物来展示产品，但如果与鲤鱼、窗帘等做类比，就会让消费者一头雾水。

1.5.4 创意性思维

在一片红玫瑰中，突然出现了一枝白玫瑰，你肯定会眼前一亮。创意性思维就是这个道理。

你创作的文案是不是常被上司、消费者评价为"太平淡了，没有起伏，无法吸引他人的目光"？缺乏创意性思维就是造成这一现象的原因。在文案百花齐放的今天，消费者会对千篇一律式的文案产生厌烦，如果不能在文案中变出花样儿，吸引消费者将是一件难于上青天之事。

国外某一纤维饼干的文案围绕"男人怀孕了怎么办？"这一主题，描述了一个男人在怀孕期间的活动，但在文案的最后，这位"孕夫"走进了卫生间而不是产房。通过这种有创意的表现，让消费者明白了这款纤维式饼干有防止便秘的功效。进而对这款饼干产生好奇："真的这么有用吗？"最终引导消费者的购买行为。

用创意性思维创作文案需要打破消费者的常规认知，让消费者意想不到，从而提升消费者对产品的关注度。满意与自信的巧合、重复与突然间的变化、精巧的转折等都是你在用创意性思维创作文案时的有效方法。

除此之外，蹭热点也是创意性思维的一种方式。例如，当世界杯开赛时，为了引起广大消费者的关注，各个品牌也开始用蹭热点的方式创作文案：

> 食客准备，开启感官盛宴。（美团外卖）
> 众人酣畅，你却禁嗨禁躁禁欢喜？用滴滴代驾，看球无须如此克制。（滴滴代驾）
> 多一点伙伴，少一点火伴。（王老吉）

这些文案如果没有与世界杯的热点联系起来，则会显得平淡无奇，但在与热点联系起来之后，就会让消费者眼前一亮。

你在进行文案创作之时，也可以通过"热点+自身品牌"的方式，提升文案的创新性，从而吸引消费者的目光。这也是使用创意性思维成功打造卖货文案的重要方法。

1.5.5　苍耳思维

提到苍耳，想必大家都不陌生，这种带有密密麻麻的小钩子的植物常常会勾住我们的衣服。苍耳思维就是给文案增添"小钩子"，并紧紧勾在消费者的思维与脑海之中。换言之，苍耳思维就是不断加强文案对消费者的影响。

凡·高的向日葵、妈妈的拿手菜、逗号的作用、"高端"的名词解释，在这些事物中，你印象最深刻的是哪个？毫无疑问是妈妈的拿手菜，因为只要一提及，你就能想到这道菜的样子、这道菜的香味、妈妈的声音和温馨的家，这些共同构成了一个真实的画面。

而凡·高的向日葵、逗号的作用、"高端"的名词解释可以让你分别联想到向日葵、逗号、奢华的宝石项链等具体事物，但印象都不如妈妈的拿手菜深刻。这是为何？因为它们在我们脑海中形成的画面不够具体、生动，而构成这些画面的基础就是能够让你产生联想的"钩子"。

你在创作文案时，也可采用苍耳思维，在文案中增加"钩子"，构成消费者的联想画面，不断加深消费者对产品的印象。文案拥有的"钩子"越多，它在消费者的记忆中就越根深蒂固。例如，江小白的文案：

> 还记得那些陪你熬夜看球的兄弟吗？
> 难忘的是故事里的酒，回味的是酒里的故事。

熬夜、看球、兄弟、陪伴、酒与故事，这些都是能够激起消费者回忆的"钩子"，能够让消费者回想起当时的场景，使消费者的情绪爆发，最终对这个文案与产品留下深刻印象。在有喝酒需求时，消费者将会在第一时间想起并购买你的产品。

如果你能掌握并灵活运用以上这五种思维，你就有可能把文案写好，打造爆款产品，实现卖货目的。学习思维方式是内修，创作文案还需外练，即了解消费者的诉求。接下来，就让我们一起去探索消费者有何诉求吧！

【读者挑战】假设你正在卖手工夹心牛奶糖，请根据上述五种思维，创作出至少八个文案，并挑选出你认为写得最好的三个，说明选择的理由。

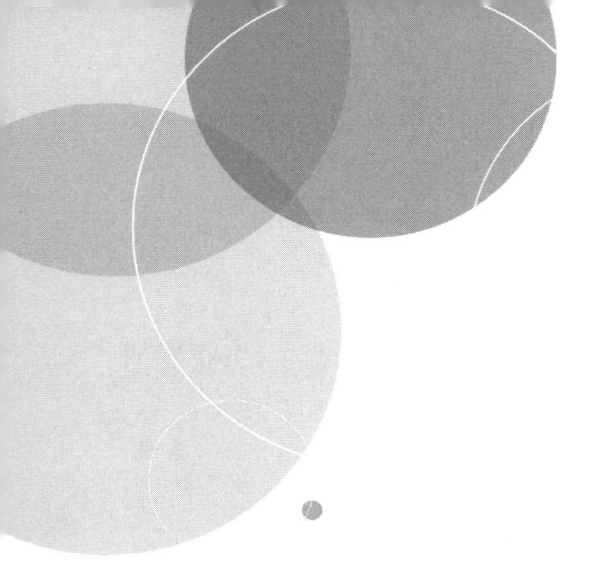

Part 2

文案写作实操：写出能变现文案的五个黄金步骤

第2章

人人都是"标题党":"六用法"教你两秒内起一个吸引人的"爆款"标题

一个引人注意的标题能够让文案成功一半,接下来,我们将一起探索文案标题的创作方法,打造金句标题,增强标题的吸引力,让文案在两秒内便能吸引消费者,提高文案的点击率。

2.1 用字法:文案标题的五大黄金法则

标题是文案的门面,也是文案的核心。一个好的标题,能提升文案的"带货"能力,让消费者沉浸在"剁手"的购物快感之中。如何才能给文案起一个好标题?变着花样儿使用文字是最简单的方式,也是打造文案标题的黄金法则。

2.1.1 显字法:突出关键词,浓缩文案精华

关键词让消费者对文案形成基础的认知,并能吸引消费者继续阅读文案,这是成功打造文案标题的前提。

例如,vivo手机的文案标题"两千万柔光双摄,照亮你的美",其中"两千万柔光"就是关键词,突出vivo手机的拍照性能;格力空调的"每晚只用一度电",用"一度电"这一关键词突出格力空调的节能省电功效;红旗汽车的"坐

红旗车，走中国路"，用"中国路"这一关键词，将文案的起点从单纯的汽车销售提升到国家情怀方面，让人难以忘却。

这些文案标题之所以成功，便是因为将关键词与产品特征完美地融合，在消费者心中形成画面，在加深消费者印象的同时，还提升了文案内容与产品的吸引力。

你在创作文案时，可以把产品的性能、外观设计等作为切入点，并用关键词将其表现出来，加深消费者印象。假设你的产品是净水器，你可以通过突出"净化"的特点，将其设为关键词；假设你的产品是沐浴露，则可以从"香氛""留香""清洁""保湿"等层面出发，寻找关键词。

关键词应起到画龙点睛的作用，因此在寻找关键词的过程中，切忌没有主题、堆砌辞藻、不知所云。

"一湖御千城，一席尊天下"，这个文案标题你认为是哪种产品的？想必很多人都从"湖""席"这两个关键字中品出了旅游景点"湖光山色"的意味，但这并不是旅游景点的文案标题，而是某房地产楼盘的文案标题。

通过显字法设计文案标题，最重要之处便是打造与产品特征相符的关键字/词，让消费者一眼便能察觉文案精华，从而加深消费者对产品的印象，激发消费者的消费欲望。

2.1.2 变字法：文字结构夸张化，形成视觉冲击

变字法就是把文案标题或者标题关键字，拆解成视觉化的符号，将文字直接变为一幅画面，让消费者眼前一亮。

例如，耐克曾经有一个文案标题只有一个"翔"字，文案内容是刘翔的三次突破记录。将"翔"字通过夸张化的形式表现（见图2-1），凸显代言人刘翔曾三度踏上世界田径之巅，强调了品牌的运动功效与"平凡飞翔"的品牌精神。

图2-1 耐克某个文案标题——"翔"的变字

当然，这种变字的用法，需要在消费者已经对品牌形成了基本认知之后，才会产生正面效益。耐克是为人熟知的运动品牌，刘翔是其代言人也广为人知，这让消费者更容易理解文案。

权威品牌或者产品可以直接使用这一方法。知名度较低的品牌或者产品，采

第2章 人人都是"标题党":"六用法"教你两秒内起一个吸引人的"爆款"标题

用一个变体的单字作为文案标题,会导致说服力不够,无法让消费者明白文案的意思。因此,你可以采用一句话或者一个词语作为文案标题,然后将其中的关键字进行变体,凸显品牌或产品的特征。

2.1.3 造字法:创造新字,打造悬疑感

当你在创作文案标题,想要在字上下功夫却找不到一个符合心意的字时,你会怎么做?

"无中生有"便是一个最基础、最简单的方法。你可以根据产品的特征以及你想要表达的意思,创造最符合你心意的"新字"。它不仅能够帮你表词达意,还能吸引消费者的注意力,打破文案宣传的互动壁垒。

方太的文案就把造字法运用得炉火纯青。在产品发布会的前三天,方太在报纸上发布一个自己创造的新字,作为接下来的文案标题(见图2-2),并在下方配上产品,让消费者猜字谜,"赚"足了消费者的目光。

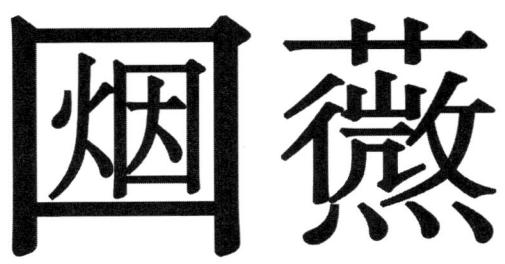

图2-2 方太的文案造出的新字

图2-2中的两个字中,一个字表明"方太智能油烟机,四面八方不跑烟"的功效,是"口"与"烟"的单字组合;第二个字表明"蒸箱与微波炉合体,突出蒸微一体机"的特征,是将"蒸"字的一部分与"微"字进行组合。

除了方太,华为荣耀、乐视等品牌都参与到"造字运动"中来,这些"新字"无一例外都在最大程度上体现了产品的某一独特之处,用有趣的形式,向消费者充分展示产品,激发消费者的消费欲望。

你在进行文案创作时,也可以把产品性能、外形等特征作为切入点,可以将关键字的各个部分组合,也可以选择单字重新组合。在本质上,你创造的"新字"与象形字相同,都是观形而知其意。只要能够自圆其说、有新意、与产品贴合,便是造字成功的第一步。

在造字之后，你还可以通过微博等社交媒体或者与抖音、快手"网红"等合作，推出猜字谜送礼品等宣传活动，将文案对产品的宣传效用发挥到最大。

2.1.4　解字法：拆解文字，让文字说话

如果说造字法的本质与象形字挂钩，那么解字法则与形声字相关。形声字的一部分是读音，另一部分表达意义。如"跳""跃""跨"等，左边表示"用脚"这一现实意义，右边则是读音部分。

运用上述方法，尊尼获加的视觉广告将2012年伦敦残奥会的运动精神完美地展现在大众的眼前。它将文案标题与文案中所有含有"手""足""目"部首的字的部首去掉，象征残疾人虽身体残缺，但仍坚强不屈的精神。

例如，"用执着与坚持把握命运"这个文案标题，将与手有关的字的部首都去掉后，并不会影响文案本身的意思，反而能让大众感受到残疾人的精神力量。

通过拆解文字，既能让消费者读懂文案，又能让消费者直接感受到产品的精神内涵，激发消费者的购买欲望。

假设你的产品是某一类美食，你可以将文案标题的字中含有"口"的部分去掉，表现出"好吃到停不下来"的意思，从而凸显产品的美味。

通过拆字法可以将产品的特征与优势表现出来，为消费者构建一个更加直观而感性的使用场景，从而加深消费者对产品与品牌的第一印象，提升消费者的购买欲望。

2.1.5　换字法：植入新符号，用符号说话

用符号代替汉字是文案标题中常见的方法之一，也是模仿者最多的文字创意之一。最脍炙人口的便是设计师格雷瑟为纽约设计的城市口号，其设计的纽约城市口号为"I Love New York"，格雷瑟将其中的"Love"替换为爱心符号，将纽约的英文单词缩写，营造出一幅简单而又情感浓烈的视觉画面（见图2-3）。

图2-3　格雷瑟设计的纽约城市口号

设计师格雷瑟将这一创意免费向大众开放，任何人都可以使用这个创意。许多商家开始被这种文字创意吸引。例如，华与华公司就借用了这一创意，创作出

第2章　人人都是"标题党"："六用法"教你两秒内起一个吸引人的"爆款"标题

的"I❤莜"成功为西贝莜面村打造了品牌形象。

其他产品与品牌也可以通过各种换字法来创作文案标题，并不一定要局限于上述案例中的创意原型。你可以将产品特征变为符号，假设你的产品是香水，文案标题中提及玫瑰，便可以用一朵玫瑰花来代替。你也可以将标题中具有画面感的文字用符号替换，假设你的产品是猫粮，在文案标题中则可以用猫咪爪子的图形替换"猫"这个字。

你甚至还可以用具有代表性的符号来替换产品。假设你的产品是口红，你的文案标题则可以像图2-4那样设计，用唇印替换"口红"二字，让整个文案标题简洁但不简单，大方中凸显一丝俏皮，展现女性的美，从而吸引女性消费者的目光。

用 💋 武装自己

图2-4　口红换字文案标题创意

当文案标题不够直观时，换字法是最简单且最有效的方式之一。通过置换的手法，向消费者传递出有吸引力的视觉画面，吸引消费者前来购买。

通过上述五大黄金法则，将汉字变形、重组、拆解、置换，打造画面感，让文案在消费者的脑海中变成广告画面，加深消费者的第一印象，并调动消费者的其他感官，让消费者自行勾勒产品的使用场景，激发消费欲望。

【读者挑战】假设你的产品是一款防晒喷雾，请采用造字法，创作一个文案，然后让朋友们试着解读一下，看看造字法的效用。

2.2

用色法：文案创作的三大原则

用色法就是利用文案标题字体颜色与背景颜色的搭配，来增加文案的画面冲击感，吸引消费者的目光，是色彩营销的一种。

七秒定律是心理学上的一个理论，即一个人会在七秒钟内判断一个初次见面的人是否值得交往。在色彩上，这一理论同样有效。你对一款产品的第一印象，会在七秒内以色彩的形式留在脑海中。例如，提及橘子，你最先想到的肯定是它的颜色。这就是七秒钟色彩理论，也是色彩营销的重要理论基础之一。

接下来，我们将去探索色彩营销的奥秘，寻找用色法的适用原则！

2.2.1 找对颜色：让消费者在七秒钟内决定购买

相关研究表明，决定消费者是否购买的因素60%源于第一印象，而第一印象很大程度上是由色彩构成的。因此，文案标题色彩的运用，关系着消费者是否会购买产品。

在利用颜色创作文案标题之前，需要对颜色有一个具体的了解，才能在创作时灵活运用。认识颜色、找对颜色，是用色法彰显效用的第一原则。

一般情况下，女性喜欢蓝、紫、绿这三色，不喜欢橙、棕、灰三色；男性喜欢蓝、绿、黑三色，不喜欢棕、紫、橙三色。你在进行文案创作时，可以参考男性、女性对颜色的偏好，结合目标消费者，选择合适的颜色。

如果你的目标消费者大部分是女性，可以适当地在蓝、紫、绿三色中挑选文案标题的颜色；你的目标消费者是男性，则可以在蓝、绿、黑三色中挑选文案标题的颜色。

除了根据目标消费者的颜色偏好来选择文案标题的颜色，还可以根据颜色的具体含义来选择。常用颜色的具体含义与作用，如表2-1所示。

表2-1 常用颜色的具体含义与作用

颜色	正面含义	负面含义	作用
红色	热血、喜悦、兴奋、力量等	愤怒、警告、危险、自大等	表达强烈情感、制造紧迫感、刺激消费者胃口
橙色	自信、温暖、友好、明朗等	损失、无知、粗鲁、可怜等	表达温暖关怀、友好情趣、健康等
绿色	清新、希望、安全、平静、舒适、生命、和平、宁静、自然、环保、成长、生机、青春、放松等	环保、调侃、自嘲等	表达保护环境的态度、和平的意愿、健康年轻的心态等

各种颜色在文案标题的创作中运用的频率越多，颜色的效用越明显。例如，雀巢曾用绿、红、白三个颜色的杯子装咖啡测试消费者的喜好，大部分消费者认

第2章 人人都是"标题党":"六用法"教你两秒内起一个吸引人的"爆款"标题

为红色杯子里的咖啡味道最好,绿色杯子里的咖啡有一股酸味,白色杯子里的咖啡味道太淡,最终,雀巢选择以红色为主打色。

你的产品、品牌形象、目标消费者不同,文案标题选用的颜色也会有所差异。因此,只有在充分了解自身产品的基础之上,根据产品的特点选用合适的文案标题颜色,才能发挥颜色的效用,吸引消费者的目光。

2.2.2 看图"说"色:构建画面感

看图"说"色就是借助颜色的字面意象,与文案本身相结合,从而构建具有冲击力的画面。即用"颜色+颜色所代表的产品"共同构建画面。看图"说"色是用色法三大原则之一。

例如,故宫口红的文案标题就是产品与颜色的结合,其文案标题采用红色,与人们认知中的口红颜色一致。在海报中将红色口红涂抹的颜色与郎窑红釉观音尊的颜色相对应。通过红色的明暗与深浅构建画面的层次感与高级感。向消费者呈现一幅典雅大方的画面,激发消费者的消费欲望(见图2-5)。

这种颜色的运用原则在各个品牌文案标题的运用极为广泛,其用意是为了画面的统一与协调,在最大程度上凸显颜色的作用,从而利用第一印象在消费者的脑海中构建生动的画面。让消费者在产生这方面的需求时,能够第一时间想起你的产品。

当你在根据这一原则进行文案标题创作时,要注意整体画面颜色的统一与层次感,这样在消费者脑海中产生的画面感才会更深刻。

图2-5 故宫口红海报文案

2.2.3 借色喻义:标题与内容相呼应

借色喻义就是借助颜色来比喻人、事、物,即用颜色来代表你的产品。这一原则的本质是透过颜色的表象，用颜色的深层含义来为文案服务。文案标题的借色喻义能够与文案、颜色相互呼应，在消费者心中构建和谐的画面感。

例如，台湾文案天后李欣频曾为诚品商场春季特卖写过一篇文案，其文案标题就是《"白"感交集的春天，"白"无禁忌》。以下是其文案内容的节选片段：

> 简单的白。勾描不上色的白。
> 五四运动口语化的白。
> 智慧华发的白。真相的白。
> 不想有瑕疵的留白。
> 白色是一种没有重量，可以飞的幸福；
> 世纪末无色调风华，百件春品，"白"感交集。

该文案标题着重体现的就是"白色"，与文案内容相呼应，共同构建出一个个白色的事物或者精神寄托物，呈现出白色的视觉画面，让消费者对本次特卖形成白色的印象。

从上述案例来看，你在用借色喻义的原则来制作文案标题时，要注重标题颜色与文案内容的搭配，不能为了吸引消费者的关注，而与内容脱节，成为哗众取宠的文案。

又如，麦当劳推出的"麻麻黑甜品"主打黑芝麻口味。其文案如下：

> 《友谊万岁》
> 女人最好的朋友，是比自己黑一点的那位。

其文案标题《友谊万岁》选用的是黑芝麻的黑色。为应对第二杯半价的活动选用友谊这一主题，环环相扣，可谓精妙至极。

通过对这些成功文案的分析，可以了解到用色法就是通过文案标题来展现整体画面，是文案的画龙点睛之笔。因此，你在进行文案创作时，需要把握文案的整体画面，做到文字、颜色、画面的协调。切忌画蛇添足。

【读者挑战】假设你的产品是彩虹糖，请根据用色法，创作一个能够吸引消费者的文案，并将这个文案发送给朋友们看看，听听他们的评价。

第2章 人人都是"标题党":"六用法"教你两秒内起一个吸引人的"爆款"标题

2.3
用词法:四个经典方法,写出文案标题金句

用词法就是借助动词、形容词、名词等词语,增加文案标题的画面感,引起消费者的注意,提高卖货的效率。以下就是通过用词法写出文案标题金句的具体方法。

2.3.1 用动词,吸引目光

文案标题往往只有一句话,那应如何通过一句话彰显产品的价值,并吸引消费者的注意呢?你可以借助一个动词来解决这一问题。接下来,我们通过几个案例来具体阐述动词在文案中的应用。

《把激情燃烧的岁月灌进喉咙》《用子弹放倒敌人,用二锅头放倒兄弟》

这是红星二锅头的文案标题,其中用"灌""放倒"这两个动词,向消费者传递出一种真实而细致入微的兄弟情,给红星二锅头完完全全地贴上了"铁汉"与"兄弟情"的标签,激发了消费者的购买欲望。

你在创作文案标题时,也可以加入适当的动词来提升标题的魅力,但要注意把握分寸,坚守道德底线,否则你的文案容易引起消费者的反感。例如,某内衣品牌在公交站广告位投放的文案标题为:

《玩美,玩出你的美丽》

这一个"玩"字,让人觉得这个广告过于低俗,后来该企业迫于压力,不得不撤下该广告。由此可知,使用动词创作文案标题,也应该把握分寸,坚守"清、正、美"的原则。

不同产品的文案需要用不同的动词,动词用得好,你的产品就被赋予了生命,不仅让人印象深刻,而且还能带来好的宣传效益。相反,用得不好,不仅不能凸显产品的价值,还会让它的口碑一落千丈,给消费者留下的坏印象。

2.3.2 用具象名词代替抽象名词

如果一个名词能在你的脑中迅速形成视觉画面，那便是具象名词；相反，如果你无法通过这个名词联想到具体的画面，则该词是抽象名词。

在文案标题创作中如果使用抽象名词，无法让消费者对产品形成具体而深刻的印象，无法吸引消费者的注意。而自带画面感的具象名词，可以让消费者自主联想，激起消费者的某种情绪，从而达到吸引消费者的目的。

首先，我们来看看由抽象名词构成的文案标题存在的问题。例如，某一化妆品的文案标题为：

> 《人美心更美》

其中"美"是抽象名词，"心"代表着人的品格与精神，也属于抽象名词。当你看见这个文案标题之后，你无法在脑海中构建一个具体的画面，只能对这款化妆品形成"用了很美"的模糊认知，但具体怎样个美法也不得而知。

由此可见，由抽象名词构成的文案标题不仅让消费者记不住，还会对该产品产生模糊性认知，显然是一个败笔。你在创作文案时，应该尽量避免抽象名词的使用。

与抽象名词相反，具象名词不仅让诉求对象很快了解你产品的内容，更能提升他们对产品的兴趣，从而促进成交量。例如，德芙巧克力的文案标题：

> 《下雨天，音乐和巧克力更配哦》

通过"雨天""音乐""巧克力"这三个具象名词，在消费者脑海中勾勒出下雨天边听音乐边吃巧克力的画面，营造浪漫的氛围，让消费者将德芙与"浪漫"画上等号，从而吸引有相关需求的消费者购买。

又如，某房地产的卖房文案标题为：

> 《山雾、叶落、溪涧、飞鸟，应有尽有》

这一文案标题通过四个具象名词的叠加，让消费者自动在脑海中描绘该小区的绿化风光，引起有买房需求的消费者的注意。

你在创作文案标题时，也可以通过具象名词的叠加，提升文案标题的画面感，提升标题的魅力。

2.3.3 用感官形容词，激起消费者联想

何为感官性形容词？就是能被消费者五官感知的词语。例如，形容色彩的明暗、气味的香臭、质量的好坏等的词语。将感官性形容词放入文案的标题之中，可以让消费者与产品产生感官上的联系，从而达到吸引消费者注意的目的。

例如，某牛排店新开业，推出的广告文案标题为：

《牛排色香味俱全，吃过的人都说好》

但这一文案标题并未引起更多消费者的注意，于是牛排店老板集思广益，将文案标题改为：

《牛排吱吱作响，闻着阵阵肉香，看得直吞口水》

标题修改后，牛排店的生意变得非常火爆。修改后的文案标题不再是直接阐述牛排的色香味，而是通过煎牛排发出的"滋滋声"，构建相关画面，唤醒消费者脑海中的对牛排香味的印象，再通过"直吞口水"，让消费者瞬间感知到牛排的美味，从心动变为行动，进店消费。

又如，香奈儿香水的某一文案标题为：

《我只穿香奈儿5号入睡》

虽然这一文案标题看似很普通，但是这句话出于性感女神玛丽莲·梦露之口，传递给消费者一个这样的信息：如果我拥有了这样的一瓶香水，也可以变得和玛丽莲·梦露一样性感、优雅。这一文案让消费者感受到香奈儿5号香水性感与优雅的特质，从而提升了文案对消费者的吸引力。

你在进行文案标题创作时，也可以通过一些感官性形容词来凸显产品的特质，吸引消费者。在选择感官性形容词时，可以从产品"看起来、闻起来、听起来、摸起来怎么样？"这四个层面思考，找出能够在最大程度上激起消费者五官感知与联想的词语。

2.3.4 用比拟的修辞，活用词语

除了活用动词、形容词，还可以试着引导消费者联想，用修辞手法提升你的文案魅力，留给消费者想象的空间，让他们自主想象你的产品使用场景，从而提升消费者对你的产品的关注度。以下是创作文案标题常用的几种修辞手法。

1. 比喻

比喻，就是"通过不同事物之间某些类似的地方，借一事物来说明另一事物"，包括明喻、暗喻和借喻三种。使用比喻创作文案的标题就是要用更生动且消费者更熟悉的事物来替代产品的某些特质，激发消费者的想象，引起消费者的兴趣。

其中明喻就是比喻本体与喻体同时出现。例如，某护肤品牌曾经推出了一款黄瓜美容面膜，其文案标题为：

《使用×××，肌肤如同剥了壳的鸡蛋》

其中，"肌肤"就是本体，"剥了壳的鸡蛋"是喻体，通过明喻，将产品使用后的功效及消费者体验完完全全地呈现了出来，不仅获得了消费者的好感，也激发了消费者的购买欲望。

暗喻就是将与你的产品有相似关系的另一熟悉事物，比喻成你的产品，从而加深消费者对你的产品的认知程度。例如，某丝袜品牌的文案标题为：

《××丝袜，您的第二层肌肤》

通过将丝袜暗喻为"第二层肌肤"，从消费者的角度出发，告诉消费者我们的丝袜不仅质量好，还能保护好你的肌肤，可谓一举两得。任何好的比喻都要从消费者的角度出发，达到事半功倍的效果。

借喻就是直接用喻体替代本体，即将产品换成被比喻的事物，从而凸显产品优势。例如，某家电暖气企业的文案标题为：

《冬天里的一把火》

通过将电暖器直接替代为冬天里的一把火，来凸显电暖气的制热功效，让消费者对产品有很直观的了解。

由此可见，在创作文案标题时，适当的使用比喻，不仅能拉近产品与消费者的距离，还能让消费者更加清楚你卖的产品是什么，能给他们带来什么，如果消费者在第一时间获取了他们想要了解的信息，那么距离成交也就不远了。

2. 比拟

比拟就是将人的一些特质赋予你的产品。你在卖货文案的标题中可以采用比

第2章 人人都是"标题党":"六用法"教你两秒内起一个吸引人的"爆款"标题

拟的修辞手法,让产品"活"起来,并与消费者产生互动,从而吸引消费者。比拟包括拟人与拟物两种,都是创作文案标题时可以使用的有效修辞手法。

其中,拟人就是将产品人格化,赋予产品人的外在特征、内在情感等。

赋予产品人的外在特征,包括动作、语言、外貌、身份等。例如,某吸尘器公司推出的文案标题为:

《有了它,你的地毯将不再愁眉苦脸》

大家都知道地毯易脏不易清洁,而且清洁的过程中稍有不慎便会弄坏地毯。但是这个文案标题通过将人的外在表情特征——愁眉苦脸赋予地毯,告诉消费者这款吸尘器不仅可以让地毯变得干净,还能让你用得开心,从而引导消费者的消费行为。

你在进行文案标题创作时,可以适当地赋予产品一些人的外在特征,让产品更加人性化,除了向消费者生动形象地展示自身的功效,还能拉近与消费者的距离,提升消费者对文案的接受程度。

将人的内在感情赋予产品,例如,雷诺汽车的文案标题:

《您会和"雷诺"一见钟情》

通过"一见钟情"这一情感的赋予,让消费者形成"雷诺是一辆颜值与才华并存的车"的认知,从而勾起消费者的购买欲望。

你在使用拟人的修辞手法创作文案标题时,一定要将人的特质融入产品中,才能直击人心,实现卖货目的。

把人当作物,也可以把此物当作彼物来写,这就是拟物。例如,某家酿酒公司曾推出的文案标题:

《在加利福尼亚酿造出全人类的快乐》

通过将"酒"比拟为"全人类的快乐",向消费者传递出这样的信息:无论你是不是来自美国,只要你购买了这瓶酒,你就能享受到同样的快乐。

就是如此精简的几个字,再加一点修辞,足以让你的文案变得有趣。

通过以上这几种用词法创作文案标题,可以帮助消费者构建画面,不仅可以消除消费者对广告的排斥感,也能将产品植入消费者的大脑,形成情绪的共振、心理的价值认同,从而激发消费者的购买欲望。

【读者挑战】假设你的产品是雨伞，你可以联想到哪些场景呢？请试着将你自己联想到的场景描述出来，筛选出能让消费者记忆深刻的场景，并用文案表现出来。随后请朋友阅读，看他们能够联想到什么，与你的创作联想进行对比。

2.4

用眼法：三个方法写出好标题，让文案阅读量翻倍

创作出引人注目的文案，首先需要锻炼你自己的眼力。将你看到的、观察到的用文字清晰地表达出来，并帮助消费者在脑海中形成完整的画面。这就是通过用眼法来制定文案标题的大致过程。那么，用眼法的具体步骤包含哪些呢？

2.4.1 看方位，多角度观察

你在观察一个事物时，必定会有一定的顺序，就算是杂乱无章的看法也一定有着方位、角度的变化轨迹。因此，"看"这一动作具有顺序性。这一特征决定了你在进行文案标题创作时也需要注意标题文字展现出的画面顺序。

"横看成岭侧成峰，远近高低各不同"，短短14个字，便向大众展现了至少4个层面的画面。文案也是如此，需要通过对不同层面进行观察，用一句话的标题，展现产品的不同层面。这就是画面的层次感与顺序性的表现。

你在进行文案标题创作前，可以从以下几个角度观察产品，从而激发创作灵感。

1. 外形观察

外形是消费者对产品感知的第一印象的重要部分，在文案标题中要尽量凸显产品的这个特征，从而在吸引消费者目光的同时，加深消费者的第一印象。外形包括产品的大小、颜色、包装设计等。这些因素都是可以在文案标题中展现的细节。例如：

《妈妈，那圆圆的是球吗？不，是西瓜》

这一个文案标题就是从形状上来阐述产品的，在消费者脑海中展示一个较

第2章 人人都是"标题党":"六用法"教你两秒内起一个吸引人的"爆款"标题

为形象的画面,从而吸引消费者的目光。但上述这一文案还不够具体,因为圆形的东西有很多,应用范围太广,随意更换一个词便能运用到其他产品身上。

真正具体有形的产品文案标题设计,应该是让人在第一眼便能意识到你的产品是什么。在图2-6的横线上你会填什么?

图2-6 外形测试

根据图2-6所示瓶子的外形,你第一个想到的便是可乐,这是大部分消费者对可乐的第一印象。文案标题对产品的表述应该达到如此地步,通过短短几字便能在消费者心中勾勒出一款产品。因此,你在进行文案标题创作时,需要通过细致入微的观察,表现出产品最显著、让人印象最深刻的形态特征。

2. 远近观察

在进行外形的勾勒之后,还需要变换角度对产品进行观察,通过远近的变化,展现产品的不同特征。例如,某家水果店在鲜橙上市之时,创作的广告文案标题如下:

《远看粉色果肉如云团,近看粒粒层叠如海浪》

从远到近的观察顺序,这个文案标题面向消费者展现出富有层次感的画面,让消费者通过标题便能对产品形成大致印象。

远近观察不仅局限在同一个画面,还可以通过多组画面进行展示。例如,产品的包装、外形设计等,从原产地到消费者面前会发生的变化,都可以通过文案标题来展现,勾勒出多方位于一体的画面。

3. 层次观察

从整体到部分、从部分到整体都属于层次观察的一部分。例如,一则有关鲜橙的文案广告标题如下:

《柚子全身披色,果皮金黄、果肉粉红、果囊莹白……》

这样由远及近的观察与表述,可以让消费者通过脑海中场景的变换,对产品形成深刻的印象，从而吸引消费者的目光，激发消费者的购买欲望。

2.4.2 看时间，多层次观察

你的产品在不同时间段的使用场景也会出现差别。因此，你在设计文案标题时，可以通过更改观察时间，截取其中具有典型代表性的画面，用文字勾勒出画面，展现在消费者眼前。

1. 周期观察

每款产品都有其周期，因此在使用用眼法设计文案标题时，需要关注产品的周期变化，这就是周期观察，是一种横向观察。你可以围绕产品的研发、生产、上市的周期进行创作设计，也可以围绕消费者使用、分享的周期创作设计。

例如，某文案创作者针对柠檬创作的文案标题：

> 《冒着早上6点的晨光采摘，送到你手里还沾着露水》
> 《阳光下的柠檬，每一颗都像藏着一个小太阳，饱满分明》

上述文案标题，通过横向时间的变化，向消费者展现出一个变化的过程，从而在消费者脑海中勾勒出清晰生动的画面，勾起消费者的购物冲动。你在进行文案创作时，也可以通过时间的变化，展现产品的不同层面。

2. 动态观察

你有没有想过让自己的产品动起来？当然这里说的"动"只是让产品在消费者的脑海中"动起来"，形成一个动态的画面。例如，下面这则关于QQ糖的文案标题：

> 《果香四溢，一捏0秒回弹》

这个文案标题，通过用"捏"与"回弹"对QQ糖进行了动态描述，让消费者在脑海中联想到QQ糖动起来的画面。这种画面往往具有趣味性，可以吸引消费者继续阅读下面的具体文案内容。

通过动态观察创作文案标题时，要注意画面的生动性，避免让消费者联想到负面的动态画面，这会使消费者丧失购物的欲望。

3. 时序观察

在一个月内，产品从月初、月中到月末的变化描述；在一天内，产品从早晨、中午、晚上等时刻的细节变化，在这些时刻的使用场景的变化等。对产品顺序性的时间观察便是时序观察。

你可以根据时序的变化，在文案标题中构建不同的但又具有代表性意义的使用场景，可以快速地吸引消费者的目光，并让消费者将消费场景与你的产品联系到一起。例如，农夫果园的广告词："农夫果园，喝前摇一摇"，这便是典型的应用时序观察设计出的表达。

文案标题往往具有字数限制，因此无法将所有时序下的产品变化都表现出来，因此，你在进行创作时，应该抓住最能让人联想画面的时序变化细节，选取细节的数量在1~2个最佳，太多反而会让消费者产生杂乱之感。

假设你的产品是现烤面包，面包在烤炉中的膨胀、面包的夹心缓缓流出等场景可以作为文案标题的细节；假设你的产品是口红，则可以选取涂抹口红时，嘴唇的变化，作为文案标题创作的细节。产品不同，抓取的细节也不同。你想向消费者传递什么，就需要抓住这方面的细节。

2.4.3 看对比，参照物观察

看对比的目标便是凸显你的产品优势。以下是通过看对比进行文案标题创作的具体方法。

1. 对手观察对比

这一步的前提是要抓住竞争对手的显著特征与自身的优势之处，通过对比，扬长避短。例如：

《欧莱雅小黑瓶——兰蔻小黑瓶最良心的平价替代品》

这个文案标题就是通过欧莱雅小黑瓶与兰蔻小黑瓶的对比，展现出自己价格优惠同时性能良好的优势，赢得消费者的关注。

当你在用"看对比"的方式进行文案标题创作时，要避免捧高踩低，打压竞争对手产品的方式，而是要通过客观对比，凸显自身的优势。这不仅可以增加消费者的信任感，还可以彰显产品品牌与企业的气度。

除了价格、性能，你还可以在外形、气味、使用时的便捷性等层面与竞争对手做对比，凸显产品的差异性，从而吸引消费者的目光。

2. 外物观察对比

通过观察其他外物，与你自己的产品做对比，从而凸显自身产品的优势，吸引消费者的注意力。外物观察对比，能够更直观地展示自己产品的优势。例如：

> 《柚子皮有多薄？薄至一枚硬币的厚度》
> 《薄到只有一枚硬币的厚度的意式比萨，解决多年啃饼边的烦恼》
> 《史上最薄充电宝！仅两枚硬币的厚度，犹如一把钢刀》

你在通过外物观察对比创作文案标题时，需要选择一个消费者普遍认知的外物，才会使消费者感兴趣。反之，则会让消费者一头雾水。例如，"这个火龙果味道堪比八月瓜"，有许多消费者都不了解"八月瓜"是什么，显然，这种对比对消费者的吸引力不大。

3. 自我观察对比

通过将自己的过去、现在与将来可能会出现的情况做对比，凸显产品目前的优势。例如：

> 《这家佛跳墙色香味俱全，一年吃一次，吃一次想十年》

这种自我观察对比，通过时间的跨度来展现自身优势。使用这种方式进行文案标题创作时，也可以通过空间跨度来展现自身的优势。

通过上述三种方式，想必你已经明白了用眼法的关键，那就是时时刻刻地观察，通过各种细节，使文案标题勾勒的画面更加生动具体，从而吸引消费者的目光并给他们留下深刻的印象，促使卖货目的的实现。

【读者挑战】假设你正在售卖菠萝莓，许多人可能对这个名字并不熟悉，请用眼法创作一篇文案，让消费者能够对菠萝莓形成一个清晰而深刻的印象。

2.5 用符法：文案标题中的五大常用符号

符号能够提升文案标题的吸引力，其中最常见的文案标题符号是感叹号、问号、省略号这三种，每一种符号对文案标题的作用都有所差异。接下来，我们将

第2章 人人都是"标题党":"六用法"教你两秒内起一个吸引人的"爆款"标题

从文案标题的特殊符号出发,探索文案的创作之路。

2.5.1 感叹号,突出重点

感叹号一般表示震惊,在文案标题中使用感叹号能够起到加强预期、突出重点的作用。

在2017—2018年,UC的"震惊体"活跃在各个自媒体平台与网站上,一篇使用"震惊体"标题的文章可以在一晚上产生500万的阅读量,在朋友圈中刷屏。观察央媒公众号,"注意!""警惕!""惊呆!""可怕!""震撼!"等这样字眼不在少数。

曾经,在创作文案标题时,采用这些字眼来吸引消费者的注意力,不失为一个好方法,但现在消费者已经对"震惊体"免疫,需要寻找一个新方法,那就是使用感叹号。感叹号与这些字眼都属于"震惊元素",可以在较大程度上吸引消费者的目光。

接下来我们用一个保健品的文案标题作为例子:

《用了这款保健品,80岁的老人也能啃甘蔗》

这是修改前的版本,读起来比较平淡,没有起伏,很难吸引消费者的目光,更不用说实现变现了。

《就是它!让80岁的老人还能啃甘蔗》

修改后,通过加入感叹号,可以突出保健品的功效,让消费者第一眼就对这款保健品产生好奇心,想探寻一下这款保健品是否真的能够达到这样的效果。

你在进行文案标题创作时,可以适当使用感叹号,来强调某一类消费者感兴趣的点,从而吸引消费者的目光。

根据Venngage的统计,"震惊元素"与标题点击率的相关率为79%。由此可见,感叹号在文案标题中起到的作用是很大的。

当你在使用感叹号为文案润色时,要注意文案标题的重点与本意,才能将感叹号的作用发挥到极致。否则,就很可能会让消费者关注错了重点,对文案的理解产生歧义,从而降低消费者对文案、对产品的信任感。

2.5.2 问号，引导消费者探究

在文案标题之中，问号是最常见的符号之一，用问号的意义的不同，对文案标题的作用也有所不同。

1. 自问自答式

自问自答式就是将消费者想要的结果内容提炼在标题中，让消费者直接看见产品的价值。大部分消费者购买产品，都是因为产品有价值，而不是因为文案标题的精美。文案标题只是实现产品交易的敲门砖，并非决定要素。

因此，你在创作文案标题时要将产品的价值明确地表达出来，方便消费者从文案标题之中判断这款产品对自己是否有使用价值，做到这一点，自然能够吸引有相关需求的消费者。创作自问自答式的文案标题，可以采用"谁+怎么做+可以从中得到的好处"进行创作。

接下来，我们来看一款理财产品的文案标题具体阐述自问自答式文案标题的创作方法：

《上班族如何净赚10万？来×理财》

在这个文案标题之中，"谁"就是指代"上班族"，"怎么做"就是"用×理财"，购买理财产品的消费者能够得到什么好处？即"可以净赚10万"。通过这三部曲将消费者可得的实际利益展现出来，用利益来吸引消费者的目光。

2. 设置悬念式

通过提问题的方式，设置悬念，既可以解释文章的重点内容，又可以引起读者的好奇心，吸引消费者注意，例如：

《如何避免在护肤过程中的错误？》
《为什么日本女性拥有美丽肌肤？》
《嫁得好的女人都用什么化妆品？》

在进行文案标题创作时，设置的悬念式问题一定要戳中消费者痛点，并能够满足消费者需求。假设你的产品是口红，你设置的问题要从口红的特质出发，如不沾杯、颜色漂亮等，只有抓住产品特质才能吸引有这方面需求的消费者。

2.5.3 逗号，变平凡为不平凡

在文案标题中使用逗号，可以增加文案的质感。其中苹果公司的文案创作者将逗号的作用几乎发挥到了极致。

不知从何时开始，苹果公司的发布会成为文案创作者的狂欢夜，只要苹果公司的文案一出，各个自媒体都跟风而上，并将苹果公司的文案与高端等词语联系起来，逗号在其中发挥了重要作用。例如，iPhone7的文案标题：

《7，在此》
《两个镜头，一拍，即合》
《新款摄像头，就此亮相》

如果没有逗号，"7在此"无法成为一句话，甚至会让消费者一头雾水。"一拍，即合"如果没有逗号，则会让文案变得毫无新意，加上逗号便能够表现两个镜头配合的便捷性，还能在消费者的脑海中勾勒出拍照的场景。"新款摄像头，就此亮相"，如果没有逗号，则与新闻标题无异。

从苹果公司的文案标题可以看出，逗号可以提升文案标题的趣味性，避免标题死板严肃、可读性差，还可以在整体上提升文案的质感，提升文案的魅力，吸引消费者的目光。

当你在创作文案时，也可以适当地使用逗号，让原本平淡无奇的文案重新焕发活力。当然，在文案标题中任何符号都切忌使用过多，为使用符号而使用符号，注定无法得到消费者的青睐。

2.5.4 省略号，设置悬念

省略号在文案标题中的使用可以给人一种意犹未尽之感，吸引消费者继续阅读文案。例如，某减肥产品的文案标题这样写：

《年底了，又传来一条伤害"胖子"的消息……》

通过省略号留下悬念，让消费者想去探索究竟传来了怎样的消息，激起消费者的好奇心，吸引消费者继续阅读文案内容。

接下来，我们以"中国首富的金融领域新布局分析"这一事件为例，探索怎样将省略号融入文案标题的创作中。这一事件最开始的文案标题如下：

《中国首富向银行"出招",银行破产模式开启》

这一个文案标题乍一看就是新闻标题,对于银行金融领域外的人没有任何吸引力。通过修改,该文案标题变为:

《打劫!中国首富向银行"出招",银行模式开启,我们的钱……》

通过这样变动后,将文案的重点变为银行破产后我们的钱的去向,并将这一事件从金融圈拉到大众身边,自然能够获得大众的关注。

由此看来,省略号单独使用的效果不佳,还需要与文案标题内容相契合,通过加入一些悬疑因素,提升省略号对消费者的吸引力。

而这些悬疑因素就是消费者最关心的事情,通过省略号将消费者最关注的事情的重要部分隐藏起来,一步一步地吸引消费者阅读文案内容,再引导消费者进行消费,实现卖货目的。这就是"放长线,钓大鱼"。

2.5.5 场景符号,引起消费者共鸣

场景符号就是能够为消费者构建场景的符号,这种符号能够触动消费者的内心,引起消费者的情感共鸣。

消费者过去的人生经历与实践,会对现在与未来的自己构造一定的场景,当消费者再次置身于相同的场景之中时,将会产生难以表述的情感,这就是场景符号的作用。

根据这一作用,你在进行文案标题创作时,可以通过场景符号构建能够激发消费者情感的生活场景,从而引导消费者的想法,促使消费者产生购买行为。例如:

《谁没在寒风中等过那个路边摊》

从这个标题中,我们可以明显地感知到一个场景:冬天下班后,寒风凛冽,在路边摊旁等待热乎乎的美食出锅。这样的生活场景,虽然简单,但能够让消费者身临其境,勾起消费者在路边摊享受美食的欲望。类似这样的文案标题还有很多,如:

《奶奶的蒸蛋,传到第三代了》

《我被意大利面缠着呢,现在没有空》

根据这些例子，你在用场景符号创作引人注目的文案标题时，需要先在脑海中将场景勾勒出来，然后再去打磨字句。在场景符号的选择上一定要与你的产品相符，驴唇不对马嘴将会贻笑大方。

符号在精不在多，你在标题中使用的符号一定不要太多，也要尽量避免对一些特殊符号的使用。否则就像你穿了一双运动鞋，却配上了一条优雅的长裙，让人感到怪异。

假设你的产品是口红，可以设计约会场景、换装场景、偷用妈妈的化妆品等场景符号，但设计的符号如果与产品的特征、使用场景、相关故事关联度不大，将无法与消费者产生情感共鸣。

除了选择关联度大，还需要选择贴近生活的场景符号，能够使文案标题更具画面感与故事性。假如你的消费者没有参加舞会的经历，你采用舞会的场景符号，无法让消费者将自己带入其中，更别谈其他。

通过上述四种符号的运用，可以使文案标题更具特色，直击人心，让消费者只需一眼就能留下深刻印象。

【读者挑战】有一家健身馆，推出的文案为："挥洒汗水，重回青春"，请试着用上述方法，修改这篇文案，提升其魅力。

2.6 用典法：没有灵感也不怕，27个常备标题范例教你快速找到思考路径

当你在进行文案标题创作时，没有灵感，不妨去看看其他典型文案标题，作为自身创作的参考资料。也许在不经意间便能从其他文案标题中找到灵感。以下是27个常备标题范例，助你快速找到文案标题创作的思考路径。

1. 练出马甲线，她从没有委屈过嘴
2. 肚子胖了，理想却瘦了
3. 别想糖化我的梦想，别想氧化我的热爱

这类文案标题是故事型标题，通过构建一个故事来吸引消费者，通过三言两语构建一个有留白的场景，吸引消费者继续去阅读文案内容。只有能够让消费者读到心里的文案，才有实现成交的机会。

4. 你还在为买兰蔻小黑瓶而"吃土"？这里有一款平价高质的替代品
5. 这款眼影最近火了！被大家称为国货之光！
6. 你还在亲自干家务？这款家务机器人帮你摆脱家务！

这类文案标题主要是以符号取胜，通过运用符号，加强文案标题的语气，通过设置悬念等方式，吸引消费者的目光。

7. 这8盘眼影，买到就是赚到
8. 在10秒内，3687件衣服售罄，这件衣服究竟有何魅力？
9. 50元可以买到的25件惊喜小礼物

数字具有非凡的魔力，总能让消费者在第一时间内关注。上述几条文案标题就是通过数字引起消费者的注意，从而提升文案的阅读率。

10. 你能用60元买到的最有趣的产品
11. 杭州最好吃的鸡，竟然是一个理发师做的
12. 一周7种早餐，每天不重样，她是最有爱心的妈妈

上述这几条文案标题是"最"字类标题，通过"最"字来描述，来提升产品在消费者眼中的权威度。

13. 公司群里潜水三年，没见过一片海洋
14. QQ等级三个太阳，却没见过一个夏威夷姑娘
15. 吃一辈子的鳕鱼堡，没见过一条鳕鱼

上述三条文案标题是京东白条推出的部分文案系列，主要通过对比，刺激消费者去用白条消费。正所谓"没有对比，就没有伤害"，通过现实与想法的对比更能激发消费者的消费欲望。这种对比的手法，几乎对所有产品的文案标题都适用。

16. 就是快，小米手机2S
17. 迄今为止最快的小米手机
18. 吃点好的，很有必要（三全水饺）

直接，切中要害是这一类文案标题的特点。既可以突出产品的特点，也能够抓住消费者追求实用的心理，吸引消费者。但使用这一文案标题创作方法时，需要抓住产品最与众不同的特征与消费者的真实需求，才能创作出直击人心的文案标题。

19. 这支口红，某当红直播达人都说"买它！"
20. 总统用的是派克（派克钢笔）

上述这两类文案标题主要是傍"大款"、蹭热点。通过"榜上"粉丝数量基数大、影响力广的达人、网红、大V、权威人士等，提升文案的可信度，让消费者忍不住想去一探究竟。通过蹭热点，来为产品引流，提升产品知名度，吸引消费者前去体验产品。

21. 刚需？一个骗了14亿人民的大谎言！
22. 每一次你花的钱，都是为你想要的世界投票（Anna Lappe）

这类文案标题主要是通过夸张的手法，来吸引消费者。

23. 有一种烤乳猪叫"古罗马式欢愉"
24. 一枚鸡蛋的傲慢与偏见

上述两条文案标题属于悬疑类标题，人人都有好奇心，当看到迷惑不解的标题，都喜欢去点击打开阅读，来满足好奇心。借助消费者的好奇心来吸引消费者，提高文案的点击率。

可以像第23条文案一样，通过造新词，如"古罗马式欢愉"，制造悬念感，引起消费者的注意；也可以通过将产品拟人化，如鸡蛋竟然会有"傲慢与偏见"，来吸引消费者继续探索，从而吸引消费者的目光。

045

> 25. 完美日记动物眼影盘的8种用法，美哭了！
> 26. 这10款玩具，看得我都想玩了！
> 27. 贵公子的惦记——9款颜值最高的蟹点心

　　这三个文案标题主要是通过大盘点的方式，就是通过大量的信息筛选而浓缩的精华。与清单的作用相似，利用消费者对"盘点"感兴趣的心理，吸引消费者，提高交易率。

　　以上27个文案标题，阐述了10种文案标题创作方法。当然文案标题创作的方法千千万，由于篇幅有限，就不在这里一一阐述了。

　　当然文案创作需要进行创新，正如某位文案界的前辈所言："别再用19世纪的老地图，寻找21世纪的新大陆。"文案标题不是生搬硬套便能成功，而是要在从前的智慧火光中生出新的火花。我希望这些文案标题能够在你没有灵感时，为你带来一点思想的火花，创作出更加引人注目的文案标题。

　　【读者挑战】你在创作文案的过程中，运用到了上述方法吗？试着根据你的产品的特点，利用上述方式，来实践一下吧！

第3章

一眼吸睛：好的开头只需这五招，让文案完读率提高50%

打造简洁有力、独立成段、具有悬念和故事感，且能够戳中消费者痛点的文案开头，是提升文案完读率的有效方法。接下来，我们将从这五个层面探讨文案开头的创作方法。

3.1

直击要害：像钉钉子一样一锤定音

当你在逛街看到广告时，脑海中的第一反应是不是这样的："浪费我的时间""又想赚我的钱了""我是不会买的"。这是普通消费者对文案的真实反应。要想让消费者改变对文案的反应，就需要打造一个短促有力的开头，吸引消费者的目光，促使消费者继续阅读下去，提升文案的完读率。

3.1.1　用词精准，去除杂冗

我们都知道钉子的形状，它的前端总是尖锐的。当尖锐的开头部分钻入墙壁后，后面的部分也就能轻易地钉进去了。文案的开头，与钉子的尖锐部分相似，都起到"突破"的作用。

那么，如何将文案开头变得"尖锐"，让文案一下子就"钻入"消费者的眼

中、心中？首先必须做到用词精准，去除冗杂，简短有力，不要像"裹脚布"一样又臭又长。

例如，休格曼为某浴室体重秤写的文案，其初稿的开头如下：

> 减肥不容易，对谁都一样。
>
> 而且，如果你尝试过减肥，你就会知道——一个好的减肥计划要包括一台浴室体重秤。一台浴室体重秤就像一张成果报告单。它是一个能把减肥成效告诉你的反馈机制。事实上，减肥的愉悦之一就是站在你的浴室体重秤上，看见一个令人惊喜的数字。

看到第一段，你可能会觉得有点儿意思，但看到第二段，就像是看见了几只落在美味蛋糕上的苍蝇，让你瞬间兴趣全无。其中一些累赘的语句，增加了阅读这篇文案的压力。即使消费者能够读完，但也无法让他们对该产品产生清晰明了的认知。

上述文案开头经过修改后，便清晰明了多了：

> 减肥不容易，对谁都一样。
>
> 减肥的愉悦之一就是当你站在浴室的体重秤上时，能看见令人惊喜的数字。一台浴室体重秤就像一张成果报告单，能把减肥成效告诉你。

将那些多余的，又没有作用的字词删除后，明显让这个文案的开头更加精简，表达的意思也一目了然。

有许多人可能会产生这样的问题：是不是文案越短越好？答案是"不是"。许多文案高手都认为：与短文案相比，长文案更利于"卖货"。因此，文案不是越短越好，而是越有力越好，这对于文案开头也是如此。

文案的开头可以长，但必须将不需要的字、词、句子，全部删除，并让其独立成段，这便是真正意义上的短促有力。例如，某书店换了新地址，为了将老顾客吸引到新店，提升新店的销量，创作出了这样的文案：

> 加缪搬家了，
>
> 马尔克斯搬家了，
>
> 卡尔维诺搬家了，

第3章 一眼吸睛：好的开头只需这五招，让文案完读率提高50%

> 莫奈搬家了。
> ……
> 2018年6月26日××书店搬家。

这个文案的中心就是"搬家"，如果你只用"2018年6月26日××书店搬家"是不是就显得太过苍白无力？这个文案用巨著作者搬家代替书店搬家，有新意。而且开头中没有一个词可以删除，这就是用词精准，短促有力。

你在创作文案开头时，需要注意用词的精准，短句的分段，冗余字词的剔除。假设你的产品是口红，想要在文案中将颜色作为"卖点"，要尽量减少形容词的堆砌，例如，"如同枫叶一样温柔而有魅力的红色"，可以直接简化为"温柔的枫叶红"，加入太多前缀，反而会拉低整个文案的档次。

短促有力的开头往往比各种词语堆砌的开头更易俘获消费者的"芳心"，缓解消费者的阅读压力。

3.1.2 巧用数字，做到有力

数字具备独特的魅力，它客观准确，用在不同的语境可以实现不同的表达效果。在文案中运用数字，不仅能够吸引消费者的关注，还能提升文案的表达力度，提升消费者的阅读兴趣，提高文案的完读率。

在文案开头的创作中，你可以从"读者的年龄""所需的时间""产品的效果"等角度入手，灵活运用数字准确地表达文案内容，提升文案的表达力，并增强文案的可读性。接下来，我们将以具体文案为例，阐述巧用数字，打造有力的文案开头的方法。

1. 用阿拉伯数字代替大写数字

例如，光耀城的卖别墅文案的开头部分如下：

> 或许吧，树比董事更懂事。
> 在80000平方米原生湖畔，在湖心岛之间慢慢走，向湿地学习涵养。
> 在60000平方米山体公园，像泉一样平静，和树一起保持适度沉默。
> 让人宽慰的，谁说只有生意？

用两个数字表现别墅所处的环境幽静，阐述出居住环境的优美。你在看这个文案时,最先看到的便是这两个数字,如果将数字变为"八万""六万"的写法,则会失去这样的效果。

你在创作文案开头时,尽量减少使用中文数字,而是要多用阿拉伯数字,吸引消费者的目光,让消费者继续阅读下去。

2. 用数字对比

人们对数字既是最敏感的,也是最不敏感的,如果将一串数字生硬地摆上去,人们很难注意到,但如果用数字进行对比,效果将完全不同。

例如,当人们去医院体检或看病时,面对密密麻麻的检查数据,通常难以做出判断,但如果医生告诉我们:"正常值是10,你现在已经到100了,超过正常值10倍了!"时,人们会迅速重视起来。

将这种方法应用到文案写作中,很容易吸引消费者的注意。

例如,令OPPO手机迅速打开销路的那一条脍炙人口的广告:

> 充电5分钟,通话两小时。

通过数字的直观对比,突出充电技术的强大。

你在创作文案开头时,也可采用同样的方法,让消费者对你的产品的某一方面形成一个深刻的认知。

3. 用线性增长的数字

大部分消费者对指数增长的敏感性高于倍数增长。假设,某家店的会员有以下福利制度,你会选择哪种?

其一:每次服务减少100元的服务费用,连续10次。

其二:第一次服务费用减少1元,第2次减少2元,第三次减少4元,第四次减少8元,依次类推,连续10次。

我想大多数消费者都会下意识地选择第一种,因为第一种属于线性增长,消费者更容易在大脑中计算出自己的既得利益。

文案开头中的数据增长,你应该用消费者更容易接受的方式来表达,尽量采用线性增长,能够提升消费者对文案的接受程度,从而提高文案的完读率。

4. 巧用数字谐音

iPhone7上市时,成为各个品牌借势营销的热点,各显神通,创作文案,各种有关"7"的谐音纷纷出现。例如：

> 分"7"付款。（支付宝蚂蚁花呗）
> 点滴惊喜，如"7"而至。（蒙牛）

除此之外，还有许多谐音文案，在这里不再一一列举。这些文案都是通过数字谐音，为消费者制造新鲜感，提高阅读兴趣。你在使用数字谐音创作文案时，除了选择与语境贴合的谐音，还要尽量避开社会上普遍避讳的数字，如数字"4"等。

3.1.3 戳中痛点，变得有力

只有戳中消费者痛点，才能让文案开头变得更有力，吸引消费者继续阅读。你在创作文案开头时，可以从消费者的情感与需求入手。例如，江小白某篇文案的开头：

> 突然发现，
> 原来不少要好的朋友，
> 已经在不知不觉中失去联系。
> 原来，友情也像杯子一样，
> 需要碰一碰才不会孤单。

虽然江小白的白酒口感一般，但文案赋予了江小白人的情感与故事，让消费者将产品看作情感的寄托。

又如，某品牌腰部矫正器的文案开头如下：

> "有人如此年轻，腰已经快废了。"

该文案中用到的"如此年轻"和"快废了"让那些久坐不动的年轻人顿时感到了紧迫感，这种紧迫感会促使他们继续读下去。

通常，消费者的痛点包含对过往的怀念、对未来的憧憬等，生活中的酸甜苦辣，都可以成为你的文案开头。这样真实的内容，不仅能让消费者感到"痛"，更能激发消费者去探索解决痛点的办法，从情感上和需求上拉近了产品与消费者的关系，进而让消费者产生认同感。

你在创作文案开头时，可以根据上述方式，让其变得简短有力，提高文案的完读率，为实现卖货的目的做铺垫。

【读者挑战】我在写作时，寻找市面上一些口红的文案，发现某品牌口红的文案开头如下：

> 名花倾城，君王带笑。
> 十里桃花，为之倾动。

读完后，你认为这样的文案开头是否短促有力？为什么？

3.2 独立成段：让文案的开头单独成为一个段落

数字化时代，大部分消费者几乎都会通过手机来阅读文案。在如此小的屏幕上，大量堆积在一起的文字，会给消费者带来较大的阅读压力与视觉疲劳。那么，应该如何才能避免此种情况？

你在创作文案开头时，需要以短促有力为前提，将文案开头独立成段，把一长段话拆分成一个个简短的段落。这样可以让消费者在第一眼，便能获得自己感兴趣的问题，从而继续阅读下去。

3.2.1 独立分段，减缓视觉疲劳

将长段文案开头，变为一句句短促有力的短句，并独立成段，可以极大地增强吸引力。接下来，我们以奥美为长城葡萄酒创作的文案为例，其内容如下：

三毫米的旅程，一颗好葡萄要走十年

> 三毫米，
> 瓶壁外面到里面的距离。
> 不是每颗葡萄，
> 都有资格踏上这三毫米的旅程。
> 它必是葡萄园中的贵族；
> 占据区区几平方公里的沙砾土地；

> 坡地的方位像为它精心计量过,
> 刚好能迎上远道而来的季风。
> 它小时候,没遇到一场霜冻和冷雨;
> 旺盛的青春期,碰上十几年最好的太阳;
> 临近成熟,没有雨水冲淡它酝酿已久的糖分;
> 甚至山雀也从未打它的主意。
> 摘了三十五年葡萄的老工人,
> 耐心地等到糖分和酸度完全平衡的一刻才把它摘下;
> 酒庄里最德高望重的酿酒师,
> 每个环节都要亲手控制,小心翼翼。
> 而现在,一切光环都被隔绝在外。
> 黑暗、潮湿的地窖里,
> 葡萄要完成最后三毫米的推进。
> 天堂并非遥不可及,再走。
> 十年而已。

这个文案就是长篇文案,奥美在开头秉持了独立分段的原则,并让消费者产生这样的疑惑:什么样的葡萄才算作是葡萄园中的"贵族"?从而吸引消费者继续读下去。

这个文案也将独立分段的原则运用到了全文之中,让整个文案看起来像一首现代诗,充满了阅读的美感,缓解了消费者的阅读疲劳,从而提高文案的完读率。

我们再来看看另一个文案:

> **如果你已经超过21岁,这个广告可能会惹到你**
>
> 这可能令你惊奇或者愤怒,也可能两者都有。它的内容会让你感到矛盾:一个不存钱的人,可以比一个辛苦存到65岁的人,获得更多的钱。让我们换种说法,这种观点其实是一种储蓄原则,正如它的兄弟——工作原则一样,其潜在哲学是:聪明的储蓄,胜过辛苦的储蓄。严格按照科学的方法来存钱是这种见解的关键。当你发现一种科学方法本身就可以赚钱时,它就比钱来得更重要了。

这个文案是长篇大论式的文案，让消费者读起来非常累。特别是在手机上阅读时，屏幕较小，看起来就是密密麻麻的一大段，有的消费者甚至都不会去看。

如果能将它独立成段，就会让读者产生刷屏的快感，缓解阅读的疲劳，从而提高读者的阅读兴趣。

独立分段如同吃一道精美的菜肴，甲、乙两家餐厅都出售烤鸭，但是甲餐厅把鸭肉切割后整齐有序地放在盘子中，而乙餐厅则是将一整块烤鸭放在盘子里。如果你是消费者，同样的价格，你是愿意吃切割好的鸭肉还是直接啃一整只烤鸭呢？想必答案已经出来了。

独立成段也和吃鸭肉的道理一样，文案应该表达清晰，给人以一种舒适的阅读体验，过于冗长的内容不仅让读者难以消化，而且让读者觉得无趣。而分段的文案不仅让读者能够更快地消化，还能提高读者的阅读兴趣。

你在独立分段时，要注重细节问题，可以将多余的字词删除，做到排版与内涵层面上的整洁，为消费者提供舒适的阅读感。

3.2.2　独立成段，设置兴趣点

"独立成段"的本质就是设置兴趣点，提高文案的可读性。在文案开头，我们如何通过独立成段为消费者设置兴趣点呢？

用独立成段的方式设置兴趣点的方法就是"欲言又止"，不要用开头的一句话就概括了整个文案的内容。换言之，就是将完整的信息一分为二，一半放在文案的开头，一半放在主体内容之中，达到"犹抱琵琶半遮面"的效果。例如，某口红的文案为：

> 今夜，你值得拥有最美的色号——女王色。

在文案开头，消费者就已经知道了答案，没有一点点悬念与惊喜，文案的阅读量自然就不高。因此，你在创作文案开头时，要掌握信息传递的速度，不要在开头就一股脑儿地将产品信息都写出来，也不能太慢，要把握节奏。例如，大众汽车的文案如下：

> **泰德·肯尼迪当年要是开辆大众汽车，现在的总统就是他了**
> 大众汽车能浮起来！
> 如果你按照我们的方法制造汽车，不浮起来才怪呢！

> 每辆大众汽车车用的都是防水钢制底盘，它还能防尘、抗腐蚀，并防止其他污垢侵蚀汽车底部。车底密闭不透水。

这个文案便是通过独立成段不断设置兴趣点，提高消费者的阅读兴趣。第一段通过一个问句，让消费者产生疑问：为什么大众的汽车可以浮起来？这会促使消费者继续往下阅读。第二段又让消费者产生疑问：大众汽车究竟用了什么方法让汽车浮起来？通过开头两段内容，通过两个疑问设置兴趣点，不仅不会会让消费者失去耐心，还能吸引消费者阅读。最后，在结尾处将答案提出来，完美地突出了产品卖点。

由此可见，你在创作文案时，我们不仅要把标题做得吸引人，更要层次分明、简单明了。过于冗长的段落只会消磨消费者的耐心，所以在做段落文案时最好控制在三段以内，且每一段要精简犀利，这样才能增加文案的流量，从而提高产品的转化率。

【读者挑战】在你曾经创作的文案中，是否有些开头就是长篇大论？如果有，请试着精简分段。如果没有，则可以试着将本文中出现的《如果你已经超过21岁，这个广告可能会惹到你》进行分段与精简处理。最后，再比较一下两者的区别吧！

3.3 悬念铺垫：开头说一半

开头说一半，将另一半放入接下来的文案内容中，就是通过设置悬念，激发消费者的阅读兴趣与好奇心，为提高文案点击率，实现卖货目的做铺垫。通过设置悬念打造精彩文案开头的方法如下：

3.3.1 设置疑问，引起消费者兴趣

设置疑问可以快速地激起消费者的好奇心，将消费者引入到你通过设置疑问制造的场景之中，从而促使消费者继续阅读文案。通过设置疑问打造文案的方法有很多，你可以根据自己产品的特殊点与想要表现的重点，打造吸引眼球的文案

开头。

1. 提出问题

提出问题打造悬疑式文案开头最常使用的方法。例如，为大众所熟知的江中牌健胃消食片，其文案开头如下：

> 孩子不吃饭？
> 快用儿童装江中牌健胃消食片，
> 专给孩子用的，孩子胃口好、消化好，才能身体棒……

通过在开头提出一个问题，吸引家中有孩子的消费者的注意，随后在后续内容中给出答案"用江中牌健胃消食片"，并直接说出该产品的优势，从而吸引消费者实现卖货目的。这一文案开头提出的问题偏向于现实中亟待解决的问题，具有现实意义。

你在进行文案开头的创作时，可以提出这类问题，还可以提出一个不具备操作性但脑洞大开的问题。例如，魅蓝Note6新品发布会的文案开头为：

> 讲真，贴个红标，拍照就能更好吗？
> 魅蓝Note6新品发布会。

这个文案从全新的角度，即手机贴红标，提出了一个似乎没什么实际意义却能吸引人的问题，然后在后续的文案内容中点名主题，让消费者产生"原来如此"之感。

2. 设置隐藏问题

设置疑问并非要用问句的形式，也可以通过设置隐藏问题的方式，打造具有悬念感的文案开头。例如，BenQ投影仪的文案开头为：

> 就算是家人，也要继续当恋人。

阅读这个文案开头时，你可能会想："结婚后，丈夫变家人，如何才能继续与家人谈恋爱？"这一问题将会促使你继续阅读文案，找出答案。

又如，淘宝的文案：

> 没人上街，不一定没人逛街。
> 3000个热门品牌，汇聚淘宝商城。

在开头构建了一个没人上街的场景，通过一个转折表明没人上街但有人逛街，使消费者产生这样一个问题：不上街怎么逛街？然后在后续的文案中点明文案主体——淘宝，告诉消费者可以通过淘宝购物，且淘宝的品牌多，可以满足消费者不同的购物需求。

你也可以通过设置隐藏问题，打造"暗桩"，设置疑问，打造悬念式的开头。

通过设置疑问的方式创作文案的开头，你需要注意问题的选择。不论是设置实际问题，还是设置脑洞大开的隐藏问题，都要注意要与卖的产品有关联性。这种关联性包括与产品外形、效用、优势等相关，而不能将风马牛不相及的问题强行加到文案之中。

假设你卖的产品是口红，你可以提出"你见过枫叶般的口红吗？"这样的问题，其中枫叶的颜色与口红的颜色有关联性。这就是有效的疑问设置。

3.3.2 细节捕捉，抓住消费者的心

正所谓"细节决定成败"，这同样适用于文案的开头创作。通过把握细节，能够让消费者更加认同文案的内容，从而愿意继续阅读文案，提高变现转化率。例如，淘宝的文案开头：

> 女人的真心话从不挂在嘴边，
> 只会穿在身上。

俗话说："女人心，海底针"，这个文案开头，便向消费者传递出这样的社会现象细节，让消费者产生疑问：真心话不挂在嘴边，那应该在哪里？从而吸引消费者继续阅读下去，最后再将回答放出来——"放在衣服上"。

又如，回家吃饭App的文案开头如下：

> 哪里有寒冬，哪里就会有人燃起灶火，
> 回家吃饭。

消费者在读完后，可以联想到寒冷的冬日，灶火燃起，一道道热菜被妈妈端上饭桌，一家人其乐融融的场景。在开头并没有直接提及回家吃饭App，而是通

过抓住生活场景的细节，吸引消费者继续阅读。

再如，叶山钢琴的文案开头：

> 学钢琴的孩子总不会变坏。（叶山钢琴）

人们对钢琴的印象总是停留在优雅、浪漫等层面上，对会弹钢琴的人会自然而然地产生好感。这个文案的开头真实地抓住了这一认知细节，激起家长让孩子学习钢琴的兴趣。既然学习钢琴，就一定有买钢琴的需求。将这一细节放在开头，消费者自然会继续阅读获得自己想要的信息。

你在创作文案的开头时，可以捕捉现象细节、生活细节、认知细节等，来拉近与消费者的距离，激发消费者的阅读兴趣，高文案的完读率。但值得注意的是，你选取的细节应该是有正面影响的细节，这样更容易让消费者接受。

【读者挑战】假设你要写一个有关餐馆的文案，开头可以抓住哪些故事与细节？可以设置什么样的疑问来提高文案开头的可读性？

3.4 戳中痛点：搭建SCQA模型

你在创作文案时，可能经历过这样的情景：在文案的开头写了一大堆有关产品功效、优势等的描述，但就是无法激发消费者的阅读兴趣，文案的效果平平。出现这种情况是因为你没有戳中消费者的痛点。

要想戳中消费者的痛点，你不妨搭建SCQA模型，在文案开头引起消费者的注意，从而提升文案的魅力。

3.4.1 文案与SCQA模型

> ××体重秤，钢化玻璃面板、精确测量度高，还可以与手机连接管理体重哟！
>
> 小米体重秤，喝杯水都可感知的精准。手机智能管理、100克精确测量、超白钢化玻璃面板……

第3章 一眼吸睛：好的开头只需这五招，让文案完读率提高50%

以上两个文案，哪那个更吸引你？大部分人都会选择第二个。这是为何？第二个文案虽然没有开门见山地将产品功效写出来，但通过一个细节化的描述，将体重秤的精准度凸显出来。你购买体重秤就是为了称体重，如果不精准，那买来有什么用？

而小米体重秤抓住了这一个点，在开头戳中了消费者的痛点，成功地引起了消费者的关注。搭建SCQA模型的意义在于通过情景中的"喜爱刺激"或者"厌恶刺激"，激起消费者对阅读后续文案的兴趣。其具体模型内容如图3-1所示。

为你接下来要讲述的故事内容搭建好特定的时间和空间	S（Situation）背景	C（Complication）冲突	推动故事的发展，能够让消费者提出疑问
	戳中痛点		
在前面"冲突"的指引下，消费者提出"为什么""怎么做"等疑问	Q（Question）疑问	A（Answer）回答	针对消费者的疑问给出的解决方案

图3-1 SCQA模型内容

你在创作文案开头时，可以通过构建SCQA模型，用一个特定场景中的冲突吸引消费者的注意。消费者生活场景中比较常见的冲突有：工资低、不漂亮、生活质量差、想要改变、喜欢拖延等。冲突的本质就是消费者的痛点。

能够引起消费者情绪的冲突就是戳中了消费者痛点，例如，日本酒品牌吉乃川的文案开头就引起了消费者情绪的冲突：

> 在东京失恋了，幸好酒很烈。

这一文案开头就是通过构建失恋的生活场景，让消费者回忆起关于失恋的苦涩、难过等情绪，让消费者身临其境，吸引消费者阅读。随后又通过"酒很烈"，表达"失恋喝酒解愁"的观念，激起消费者的购买欲望。

又如，亮甲的文案就属于典型的SCQA式文案：

> 得了灰指甲——陈述背景（S）；
> 一个传染俩——在背景下发生的冲突（C）；
> 问我怎么办？——站在消费者的角度，提出疑问（Q）；
> 马上用亮甲！——给出回答（A）。

这种正常顺序式的SCQA模型将重点放在末尾，通过递进式的方法让消费者完全沉浸在场景之中，从而加深消费者对产品的印象，促进卖货目的的实现。

通过上述案例，可以总结出创作文案开头的要点：在创作文案开头时，要将能够激起消费者情绪的某一痛点展现出来，让消费者产生"哇，这说的就是我啊！"的感觉，并让消费者产生"我该怎么做？"的疑问，再通过文案内容表达"使用我产品就能解决这些疑问"的观点，从而打造引人注意的文案开头，吸引消费者的注意。

当然，通过搭建SCQA模型，打造吸睛的开头，并不一定要按照"背景—冲突—疑问—回答"的顺序，可以根据你自己的产品特点、你选择构建的场景等来选择最合适的构建顺序。

3.4.2 开门见山式：回答—背景—冲突

SCQA模型开门见山式的运用，将文案的重点放在开头，让消费者看见文案的第一眼就是重点。这类文案往往将产品放在最前面，开门见山，让消费者直接了解这个文案的主题是什么。例如，智联招聘的文案开头：

> 智联招聘，更懂你的价值。
> 给自己谈个好价钱，生活里再也不关心价钱！

在开头直接点明文案主题，然后打造招聘谈判的背景，表现出不会谈判的求职者的工资不高。与开头主题相呼应，得到解决答案，即"使用智联招聘，通过谈判提高自己的工资。"提升求职者对智联招聘的使用率。

开门见山式的SCQA模型环环相扣，你在文案开头给出了答案，但没有提出问题，这会让消费者产生"这个答案究竟能够解决什么问题"的好奇感。这个好奇感就是消费者的痛点，通过加强这一痛点，吸引消费者继续阅读文案，起到很好的铺垫作用。

3.4.3 突出忧虑式：冲突—背景—回答

SCQA模型突出忧虑式的运用，将重点放在冲突与背景的构建上，戳中消费者的痛点，从而引起消费者的注意。例如，MarryU实名身份认证婚恋平台的文案开头：

> 又有朋友结婚了，明明你更优秀，
> MarryU实名身份认证婚恋平台。

通过构建"朋友结婚，而你还单着"的场景，引出"结婚"层面的冲突，增加结婚的焦虑（痛点），让看到的人想要快点结婚。然后在给出答案，即"MarryU实名身份认证婚恋平台"可以帮助你快点找到结婚对象。这可以快速吸引有结婚焦虑的人群关注。

又如，小米空气净化器的广告文案开头为：

> 儿子说："我的梦没有颜色，像北京的天。"
> 至少要在家里为孩子造一片蓝天。——小米空气净化器

通过孩子的一句话，构建背景，并制造冲突，增加了消费者对孩子未来、梦想等的忧虑（痛点），随后提及解决方法——"用小米空气净化器为孩子在家里打造一片蓝天"。这可以吸引许多父母的关注，为的销售做铺垫。

用冲突—背景—回答的顺序结构，突出消费者某方面的忧虑，从而达到吸引消费者的目的，这种顺序模式的本质就是"制造焦虑或者忧虑"。

你在用SCQA模型创作文案开头时，也可以采用此种顺序，将疑问环节隐藏在文案的字里行间，不明说出来，通过放大消费者的焦虑，戳中消费者的痛点，实现卖货的目的。

假设你的产品是面膜，你可以从"皮肤很差"这一焦虑点入手，向消费者传递出"不敷面膜皮肤会更差"的观点，戳中消费者的这一痛点，激发消费者的购买欲。

3.4.4 突出信息式：疑问—背景—冲突—答案

SCQA模型突出忧虑式的运用，将重点放在文案开头的后半部分，这部分往往是解决疑问的方法，以及与产品有关的优势信息。例如，订房宝的文案开头：

> 只睡10小时，为何要花整天的钱？
> 订房宝，只卖高端酒店晚6点的剩余房，所以低价。

在开头先提出疑问，并构建"花1天的钱睡10小时"的场景，制造"花钱不值得"的冲突。然后提出解决方法"使用订房宝，让钱花得值！"随后，再提及订房宝的优势信息：是高端酒店且价格低。通过抓住消费者追求高端住宿环境且要求低价的需求，瞬间俘获有订房需求的消费者的"芳心"，吸引潜在消费者的关注。

又如，安吉尔孕前健康咨询产品的文案开头如下：

> 你问：我出生前在做什么？
> 我答：我在天上挑妈妈。
> 妈妈健康，才有健康的宝宝，安吉尔孕前健康咨询。

通过一个充满童趣式的问题，激发消费者的阅读兴趣，随后，将重点放在宝宝健康问题上（即冲突与背景）。从而将凸显"想让宝宝健康成长，就来安吉尔咨询"这一信息（答案）。通过这4步凸显卖货信息。

SCQA模型是创作文案开头的有效方式，其模型因素的具体顺序需要你根据自己想要突出的内容，进行选择、迁移，只有这样才能戳中消费者的痛点，创作出最适合你的产品，且吸引消费者注意的、精彩的文案开头。

【读者挑战】假设你卖的产品是衣服，运用SCQA模型，哪种板块顺序最适合？你可以创作出怎样的文案开头？

3.5

设置情境：讲一个贴近生活还充满细节的故事

罗·勃朗宁曾说："故事永远是旧的，也永远是新的。"这句话对于有故事感的文案也同样适用。一个有故事的文案往往更容易走进消费者的内心，这类文案的创作方法为故事法。

所谓故事法，就是在文案的开头讲一个好故事，让消费者能够将自己带入进故事中，产生情感共鸣。从而吸引消费者继续阅读，提高文案的完读率。

一般而言，在文案开头创造一个好故事，有两个关键点：一是要贴近生活；二是要充满细节。

3.5.1 贴近生活，引发共鸣

你在文案开头表述的故事一定是能够让消费者产生一种熟悉感，让消费者觉得这个故事就是他身边的故事，或者是他亲身经历过的事件。只有这样，才能在最大程度上提升文案开头的吸引力。

例如，江小白的文案开头：

> 不是我戒不了酒，而是我戒不了朋友。

短短一句话，便能让消费者想到自己经常与朋友出去聚餐喝酒的场景，只是为了和朋友们多相处。这样的故事便是大部分消费者的亲身经历，能够吸引消费者继续去阅读。

又如，聚美优品的文案在当年引起了较大的关注，甚至还根据这一文案演变出来了"陈欧体"。其内容如下：

> 你只闻到我的香水，却没看到我的汗水。
> 你有你的规则，我有我的选择。
> 你否定我的现在，我决定我的未来。
> 你嘲笑我一无所有，不配去爱，我可怜你总是等待。
> 你可以轻视我们的年轻，我们会证明这是谁的时代。
> 梦想，是注定孤独的旅行，路上少不了质疑和嘲笑，但那又怎样。
> 哪怕遍体鳞伤，也要活得漂亮。
> 我是陈欧，我为自己代言。

相信很多年轻人在看到这个文案的时候内心都会有所触动。质疑、嘲笑、孤独，这不正是许多年轻人正在经历的吗？这些简单的词语，让读者产生了情感上的共鸣。整个文案并没有提到产品，但是已经不知不觉地拉近了消费者和品牌、产品之间的距离，为卖货埋下了"种子"。

从上述案例可知，用故事法创作文案就是寻找大部分消费者记忆较深刻的亲身经历，让消费者能在文案中找到自己的影子。无论是经历过的还是正在经历的，都能在一定程度上增加消费者对产品的认可度。

为了增加故事的真实性与感染力，你还可以用第一人称去描述故事，消费者更容易代入其中。

3.5.2 充满细节，增强感染力

有了贴近生活的故事还不够，还需要为故事增加细节，才能在最大程度上唤醒消费者对这个故事的记忆与情感，让消费者有身临其境之感，从而增加消费者对你的文案与产品的认同感。

没有细节描写的故事，就如同一个空壳，即使能够描述出消费者经历过的某一时间，去不能唤醒当时的感情，无法加深消费者对产品的印象。那么，应该如何去描述细节呢？

1. 用写日记的方式去勾勒细节

日记的主要内容包含：时间、天气、地点、人物、事件等。你在创作文案开头时，也可以用写日记的方式，去丰富文案故事的细节，提高文案的感染力。

例如，"晚上10点，公交车上一位男子站着睡着了"，这句话就只描述了故事的大概，而没有细节。对这句话进行修改时，你还要考虑以下几个细节：

时间：晚上10点在这个场景中，算早还是晚？

天气：在这个时间段，公交外面的天气情况怎样？

人物：街道上走路的人还多吗？车上的人多吗？车上的其他人在做什么？这位男子的穿着打扮是怎样的？

事件：他为什么站着睡觉？等等。

通过思考上述细节，便能将一个空壳故事填满细节，打造成一个具有感染力的故事，吸引消费者阅读。当然你在创作文案开头的故事时，并不需要严格按照上述顺序创作，而是要根据你的需求，适当增加某部分的某些细节。例如，百度的文案：

> 成为双职妈妈第二年的汪太太，
> 从每天下班只吃外卖，
> 到煮营养餐厨艺不赖，
> 她问了1880个问题。

这个文案中便是设置了时间、人物与事件的细节，从而增加了文案的感染力。

由此可见，每一个成功的文案不仅需要一个好的故事来辅助，也需要一系列生动的细节来渲染。无论你的卖货对象是男人还是女人、老人或者孩子，其实这都不影响你对文案细节的刻画。

毕竟人都是情感动物，如果一款产品文案只是做表面功夫，缺少了细腻、生动的情节，消费者只会觉得策划者在意的是自己的钱而不是自己的需求。

2. 根据消费者的心理去勾勒细节

你在找出消费者经历的故事，并唤醒他们情感时，可能会发现，这些经历一般有三种结局：高兴的、悲伤的以及平平无奇的，前两者更容易被消费者记住，其中消费者对悲伤结局的印象更深刻。

因此，你在创作文案开头时，可以先将这个悲伤的故事描述出来，然后利用写日记的方式进行填充，在故事的末尾又进行反转，将原本悲伤的故事反转为令人高兴的故事。例如，某减肥茶的文案：

> 2016年体重70公斤，绰号"胖妞"。
> 2017年体重50公斤，人称"女神"。

由上述例子可知，所谓的反转就是创造一个逆袭性的故事。在实际生活中，大多数人都是普通人，生活负重前行，因此，这部分消费者更期待你的产品能够给自己的生活带来改变，让自己在生活的重压面前，生活得更加快乐一点。

利用文案开头故事抓住消费者需求，不仅可以引起消费者的情感，还会在消费者的记忆中建立新的情感共鸣，加深消费者对产品的印象。这类方法的具体步骤如下：

第一步：故事主角起点低，但有一个自己一直想要实现的目标；

第二步：主角为实现这一目标，非常努力，但效果不佳，主角非常痛苦；

第三步：某款产品让主角发生的改变；

第四步：主角使用这款产品再加上主角的努力，主角改变了自己的现状。

用上述4个步骤便能创作一个能够吸引消费者目光的开头故事，提高文案完读率。

用讲故事的方法只是起到一个抛砖引玉的作用，我们讲故事的最终目的是希望能用故事引起客户情感上的共鸣，提升客户对产品的认可度，从而促进产品的成交量。当然，如果你产品的质量不过关，文案做得再好也无济于事，若想立足于长远，产品的质量与文案的质量缺一不可。

【**读者挑战**】你在创作文案时，是否会运用到故事法？假设你现在要销售一款新研发的功能性饮料，你可以设置怎样的生活场景，构建怎样的故事？

第4章

产品描述：用文案打造产品独一无二的卖点

文案的具体内容只有直击人心，才能戳中消费者的痛点，让消费者对产品形成一个良好的认知印象，这就需要你在创作文案时，能够对产品进行明确定位，抓住消费者的需求，激发消费者的购买欲。

4.1

产品定位：利用"对标物"，逃离"知识的诅咒"

你在创作文案时，可能会因为自己对产品的固有印象，而无法想象产品在消费者眼中的样子。当你通过文案将产品信息传递给消费者时，会因为信息的不对等，无法将产品信息准确、具体地表达出来，从而无法戳中消费者的痛点，使消费者产生购买欲。这种现象被称为"知识的诅咒"。

那么，应该如何避开"知识的诅咒"，将产品信息准确地传达给消费者，并激发消费者购买欲呢？

4.1.1 明确产品定位，寻找"对标物"

明确自身的产品定位是创作文案的第一步。然后根据其定位，寻找其他同类型产品或者标杆产品，即"对标物"。最后将这些产品的文案与自己的文案进行对比，找出自己文案的不足之处。

例如，你在创作卖汽车的文案时，可以先思考自己想要向消费者传达的信息，先将大致的信息列举出来，如"看上去比较小，但进入车内就会发现很宽敞""外形好看""经济实惠""适合普通白领"等。这些内容都是根据信息的定位得到的。

随后，你要在这些信息中找到你的产品与其他产品相比的特殊优势，这能够让你的产品从同类产品中脱颖而出。假设上述案例中，该品牌的汽车最具竞争力的优势是"小，但宽敞"。根据这个优势，你可以先创作一个自己比较满意的文案。

随后，再寻找与你的产品有相同竞争优势的知名产品，即"对标物"，并将你的文案与其对比，找出自己的文案中还存在的问题，进行修改，直到满意为止。

你也可以通过侧面描写来表现汽车空间的宽敞。例如：

> 交警怎么也不会想到，从一辆小汽车里可以钻出5个一米八的大汉。

这就是通过描述汽车的容量，从侧面展现汽车空间的宽敞。

在用此种方法创作文案时，只有明确掌握产品定位，才能找出最合适的"对标物"，戳中消费者的痛点。不要想当然，强行将自己的想法加入文案，而是要向消费者客观地传递出产品信息，引导消费者购买。

4.1.2 敏锐观察，凸显信息的重点

一个文案的篇幅有限，你不可能将产品的所有信息写进文案。因此，你需要选择能够戳中消费者痛点的重点信息，只有这样才能激发消费者的购买欲。接下来我们来通过一组文案的对比来具体阐述。

某两种MP3产品的文案如下：

> 超大容量，小巧外形，方便携带，随时让你感受音乐的魅力。（某品牌MP3产品）
> 将1000首歌装到口袋里。（iPod）

上述两个文案都是MP3产品的文案，都在突出产品的优势。前者将MP3产品

的三个优势都表述出来，让人感觉没有起伏，没有突出的重点。

而后者让人第一眼就明确地了解到MP3产品的大容量与方便携带的优势，读第二遍时，在字里行间还能看出这款MP3产品外形小巧、随时可用。通过一句话在体现重点信息的同时，也体现了其他优点，让消费者能够抓住重点，一目了然。从而对产品心生好感，在有相关需求时，会优先考虑这一产品。

你在创作文案时，要注意敏锐观察消费者的需求，找出产品中最能够吸引消费者的优势，并通过文案表现出来，其他优势则可一笔带过。正所谓"山不在高，有仙则名；水不在深，有龙则灵"，文案也是如此，不需要全面地描述产品信息，而是要抓住重点。

假设你卖的是香水，文案就要凸显"香味"这一重点；假设你卖的是口红，重点便是颜色、润泽度。产品不同、使用场景不同，你的文案的重点也会发生变化。

除了要敏锐观察消费者的需求，传递产品的重点信息，你在创作文案时，还需要将重点多次凸显，让消费者记忆深刻。例如，在双"11"期间，某家"十元店"也推出了相关的优惠活动，试图在活动期间提升销量。其文案如下：

> 双"11"全店商品5元起，便宜、实惠！

见效果不理想，又修改为：

> 5元能买到的东西，为什么要花10元？双"11"全店商品5折起！

该店的店主写完这个文案后，又觉得有几分不妥，感觉还差点意思，于是又修改为：

> 能花5元买到的东西，凭什么要掏10元？双"11"全店商品5折起！

以上这三个文案虽然都在着重表现"便宜、实惠"的信息，但对重点信息的凸显程度不一样。第一个文案只是将活动的内容说清，平淡无奇，味同嚼蜡。

第二个文案，站在了消费者的角度来阐明"便宜、实惠"这一重点，让消费者从这一文案中了解到自己购买产品可获得的利益，能够提升消费者的关注度。

第三个文案，用一个"掏"字，让消费者在脑海中形成一个更加具体、形象的购买画面，更容易激发消费者的购买欲。

从这个例子中，我们可以了解到，当你的文案只需传达单一产品信息时，可以站在消费者的角度,用消费者的语气来表述,也可以活用动词,增强文案的画面感。值得注意的是,文案传递的单一产品信息,必须是你敏锐观察消费者需求、市场情况、自身产品后,找出的最容易戳中消费者痛点的重点信息。

4.1.3 避开"知识的诅咒",让文案成为"提词器"

要想避开"知识的诅咒",就需要让文案"说人话",让消费者理解你卖的产品是什么,你的产品的功能、优势是什么。这是戳中消费者痛点,激发消费者购买欲的前提。

我们先来看看这样一个文案:

> 夏莲蓬,秋木槿,
> 风吹动摇曳着的花影。
> 青春像手中的风筝线,
> 以为牵得很紧,
> 却在不经意间就飞向天空,
> 再也寻不回那些记忆。

看到这个文案,你想到的产品是风筝,是花,还是代表青春的小物件?这些都不是,这是一家服装店的文案。这个文案虽然读起来很美,还透露出一种淡淡的忧伤,却让消费者觉得云里雾里。文案的目的是卖货,消费者连产品都不知道是什么,拿什么卖货?

"说人话"是让消费者理解文案的前提,是避开"知识的诅咒"的有效方法之一。你在创作文案时,要避开抽象的、消费者难以从中了解产品的表达方式,这样会降低消费者对产品的接受程度。

我们再来看看下面这些文案:

> 吃多了不消化,饭后嚼一嚼,家中常备江中牌健胃消食片。(健胃消食片)
> 你一半,我一半,你是我的另一半。(旺旺碎冰冰)
> 你没事吧?你没事吧?没事吧?没事儿就吃溜溜梅。(溜溜梅)

这些文案没有优美的句子,没有深刻的意境,但能够成为消费者脑海中挥之不去的存在。这是为何?因为这些文案"接地气",它们将产品与广大消费者的生活联系到一起，是其成功的主要原因。生活化的语言表述往往更加朴素，也更容易被消费者理解，从而避开了"知识的诅咒"。

你在进行文案创作时，要尽量减少专业术语的使用，降低文案的理解难度，让文案成为产品的"提词器"，让消费者直接通过文案得到自己想要的产品信息。

例如，淘宝某水果店上新了释迦果，有一部分消费者并不知道释迦果是什么，于是该店推出了以下文案：

> 本店新上释迦果，
> 表皮淡绿色，覆盖有多角形小指大小的软疣（子房与花托）凸起，
> 果肉奶黄色，肉质柔软，鲜食香甜。

这样专业的文案，会让消费者难以理解，虽然知道了这种水果的颜色、口感，但没有形成具体的印象。修改后的文案为：

> 放大版的荔枝——释迦果上新啦！
> 咬一口，荔枝与芒果的味道就在口中散开，
> 一种水果，吃出两种味道，买到就是赚到！

修改后的文案让消费者更容易理解，消费者可以从文案中了解释迦果的外形与口感等信息，对这种水果有一个更为具体的印象。其中"放大版的荔枝""荔枝和芒果"是释迦果的"对标物"，也是"提词器"，让消费者在吃荔枝与芒果时，联想到释迦果，随着一次一次的印象加深，激发消费者的购买欲。

你在创作文案时，也可以寻找一些与产品相似的事物来描述产品，让消费者获得明确的产品信息。或者通过熟悉的场景再现，增加文案的"烟火气"，避开"知识的诅咒"。

【读者挑战】阅读完本节内容，你不妨思考一下，你的产品定位是什么？"对标物"是什么？你可以选择哪些生活场景来描述你的产品？在创作文案时，你可以用哪些手法来降低消费者对文案的理解难度？

4.2 产品功能：具体描述，激发购买欲

人们常言"理解万岁！"的确如此，真正的理解的确是极其稀缺的事情，人与人之间的大部分矛盾都是因为不能互相理解造成的。人与人的交际尚且很难实现相互理解，更何况人与文案之间的相互理解呢？

如果你能够理解消费者的需求，便可以戳中消费者的痛点，文案的创作便已经成功了一半。让消费者理解你创作的文案，便能够成功地激发消费者的购买欲。创作文案不仅要让消费者理解文案的内容，更要求文案创作者理解消费者的需求。

你在创作文案时，需要对产品功能进行具体的描述，减少双方理解的成本，让消费者对你的产品形成："人生得一知己，足矣"的感慨。其具体方法论如下。

4.2.1 对称产品信息，降低理解成本

想要理解，就必须先沟通。你作为文案创作者，可能无法与消费者进行面对面的沟通，不妨将沟通过程放进文案中，让消费者在阅读文案时，与你进行沟通。

这就需要你在进行文案创作时，发掘产品的各项功能，让你与消费者了解的产品信息对称，从而降低理解成本。

根据美国心理学家乔瑟夫与哈利的沟通四象限，我总结了文案创作者在文案的创作过程之中需要向消费者传递的信息，以便你引导消费者的思考与你的思考在同一维度上，从而顺利实现沟通（见图4-1）。

1. 在公开象限中玩出花样

公开象限里的信息是消费者都知道的信息，因此，你在创作文案时，可以不用在文案中提及，这样可以避免重复，让消费者感到无趣。否则就会让你的文案变成"老太婆的裹脚布"，又臭又长。例如，日本某县的旅游推广文案：

> 他喜欢天空，我喜欢大海。

公开象限	盲点象限
◆ "我知、你也知"的产品信息。 ◆ 例如，产品的名称、作用等，消费者的所看、所知都是事实。	◆ "我不知、你知"的产品信息。 ◆ 例如，你的产品在使用过程中出现的新用法，你自己没意识到，但是消费者能够体验到的点。
隐私象限	潜能象限
◆ "我知、你不知"的产品信息。 ◆ 例如，普通消费者不知道的产品使用方法与技巧。	◆ "我不知，你也不知"的产品信息。 ◆ 例如，你自己和消费者都没想到的产品使用场景。

图4-1　创作文案的沟通四象限

上述文案中没有一句关于旅行的话，却能让消费者心生向往。旅行，就是去欣赏美丽的风景，去放松自己。这是所有风景区的"卖点"，属于公开象限里的内容。上述文案却用"天空""大海"两个具体的场景，让消费者想象到"大海与天空相连，水天一色"的场景，吸引消费者前去游玩。

这就是在消费者熟知的信息中，加入能够激发消费者联想的元素，提高文案的可阅读性，帮助消费者理解文案。

2. 在盲点象限里清零自己

盲点象限里的信息属于消费者了解的，而你不了解的。有时，你创作的文案没有将这些信息表现出来，会让消费者觉得你不专业，对自己的产品都不了解，从而降低消费者对你的文案的信任度。

因此，你在创作文案前，可以及时地通过社交软件等平台与消费者进行互动，了解消费者对产品的认知，从而避免你创作的文案出现信息不对称的情况。

3. 在隐私象限里突出卖点

有时，消费者会对产品形成一个刻板印象，使产品的推广进入瓶颈期，且迟迟无法突破。你在创作文案时，可以将你对产品的新理解放入文案中。例如，马应龙润唇膏就将自己对自身产品的新理解融入了文案（见图4-2）。

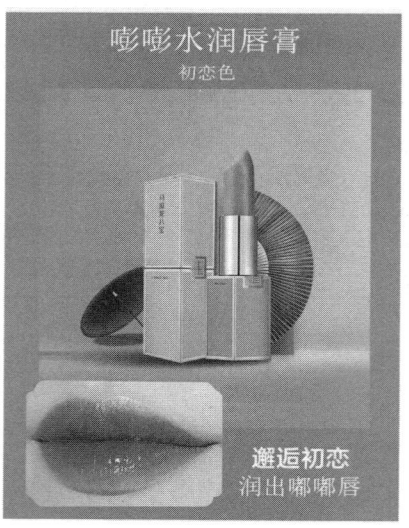

图4-2 马应龙润唇膏文案海报

4. 在潜能象限中深挖产品功能

你在创作文案时，可以将这种之前大家都不知道的信息表现出来，让消费者眼前一亮，让你的文案脱颖而出。通过打造新鲜感，挖掘产品的新功能，让消费者对产品的理解上升到另一个层次。例如，某服装品牌的文案：

> 中性，性感的另一种可能。
> 向20世纪60年代末70年代初的无性别时尚理论致敬。
> 区别于男性化，也不等同于休闲，
> 它是一种帅气、率性但不硬朗的风格，
> 较少出现很man的直线条，
> 挖掘中性力度中的性感性格。

这个文案挖掘了中性服饰的另一个发展方向：性感。在写出这段文案之前，可能你与消费者都不知道中性还能与性感并列。在大家眼中"中性"与"性感"是两个对立面，而这个文案将性感重新定义，激发了消费者的探索热情，让消费者对"中性与性感"有了更深层次的理解。

你在创作文案时，也可以通过创造与大众认知不符的产品理念、产品使用场景等，让文案产生新鲜感，吸引消费者的目光，激发消费者的购买欲。

4.2.2　准确表达，让消费者理解文案

现在有许多营销人都在强调文案的营销内核，却不关注文案本身。你在创作文案时，在注重营销内核的同时，还需要提高文字表达能力，让消费者更容易理解文案。

1. 选择细节，具体描述

例如，淘宝上有一家服装店的文案如下：

> 体验舒适，体验自由，体验新奇，
> 奇异引领时尚，尽享美丽时光。

看完这个文案，你可以了解到这家店铺主要是在向消费者传递"舒适""新潮""独特"的产品优势信息。

另一家的服装店的文案，与上述案例形成了鲜明对比：

> 黏糊暧昧的夏天可真让人烦恼，
> 希望这款背心，能够让你有种和冰箱谈恋爱的感觉。

读完这个文案，你一眼便能知晓产品是背心，突出的功效是凉爽。这家店没有用笼统的词语来概括所有的服装，而是选择了当季最有卖点的背心，描述细节。这样的文案更加具体，可以加深消费者对店铺的印象，在提升背心销量的同时，还为店铺其他产品引流。

虽然"凉爽"的功效是消费者都知道的产品信息，但这个文案通过"和冰箱谈恋爱的感觉"的描述，增强了文案本身的俏皮感与可读性，让消费者读完以后会心一笑。

假设你的产品是丝袜，你觉得下面两个文案中哪个更好？

> 想让你的身体看起来更加迷人吗？
> 想要纤细、性感的大腿吗？

毫无疑问，大家都会认为第二个文案更吸引人，因为它抓住了"腿"这一细

075

节。丝袜穿在腿上，对腿有塑形的作用，也可以让身材变得更好。前者只阐述出了笼统的功效，而后者通过细节，由小见大，将功能描述得更具体，让消费者对产品有了更加具体的理解。

你在创作文案时，也可以通过对细节的描述，表现出一个普通功效的另外一面，吸引消费者的注意。既彰显了营销内核，又增强了文案本身的可读性，让消费者感受到文案的温暖，从而实现有效的沟通。

现在各个品牌都开始走上人格化的营销路线，希望用品牌的温度留下忠诚的消费者。而表达准确的文案，能够让消费者通过文案理解品牌的精神内涵，是人格化品牌的第一步。

2. 不要废话，去除冗杂

一些文案用了大量的形容词，来让语句变得优美。这种方法只不过是画蛇添足罢了，甚至还会让消费者对文案产生误解，让消费者感到一头雾水。

假设你的产品是洗洁精，卖点就是"洗得干净"，如果你直接在文案中告诉消费者"洗得干净，用得放心"，这就属于废话，因为所有的洗洁精都能达到这个效果，这样的文案没有突出产品的竞争优势。

你可以换一个角度，让废话变成有用的话，例如：

> ××洗洁精，一泵更比三泵强，洗得干净，不伤手。

通过用量少凸显产品洁净能力强，顺便还一笔带过"不伤手"的优势。同样用了"洗得干净"这一短语，但因为加上了用量少的限定范围，更加突出了产品的洁净能力。

在创作文案的过程中，除了剔除废话，还要将一些冗杂的表述剔除，做到"复杂事，简单说"，要将文案说到点上。例如，赶集网的文案：

> 找房子、找工作、找装修、找保姆、找宠物、买卖二手货，
> 赶集网，啥都有！

这个文案不说"虚的"，不堆积辞藻，直击消费者的核心需求，没有废话。

你在创作文案时，也需要注意用词的精准，做到简单有力，直击消费者的内心，从而激发消费者的购买欲。

通过上述内容，你已经了解了用具体的细节、精准的语言去凸显产品功能、戳中消费者的痛点，实现卖货的目的。接下来，就尝试将这些方法运用到实践中吧！

【读者挑战】假设你的产品是一款沐浴露，它的功能有哪些？其中最有竞争力的功能是什么？根据产品的竞争优势，抓住一个生活细节，来创作一个文案吧！

4.3 产品对比：描述竞品＋描述自己的产品

有许多文案创作者会认为自己的产品比别人好，因此就将其一般优势视为卖点，创作出这样的文案：我的毛巾更柔顺；我的罐头更有营养；我的衣服更漂亮……这样的文案并不能提升销量，这是为何？

因为这样的文案太过平淡，无法让消费者了解产品究竟比别的产品好在哪里。你在创作文案时，可以通过认知对比的方式，加深消费者对产品的印象，激发消费者的购买欲。其具体步骤就是：描述竞品+描述自己的产品，让消费者形成对比认知。

4.3.1 描述竞品

描述竞品实际上就是在为描述自己的产品打下基础，一般包括以下三个方面：

一是客观分析。在竞争产品中圈定一些需要考察的角度，得出真实情况，不要加入主观意识，用事实分析市场布局状况、销售情况及产品的详细功能等。

二是主观分析。这是一种接近于用户流程模拟的分析，可以根据事实或者个人情感，分别列出竞品与自己产品的优势与不足。

三是竞品的类别分析。竞品的类别有着非常重要的参考价值。

接下来，我们以奔驰C级与竞品车型奥迪A4L的对比为例，来阐述描述竞品的方法（见表4-1）。

表4-1　奔驰C级与竞品车型奥迪A4L的对比

	奔驰C级	奥迪A4L
外观	时尚大气，看起来很显尊贵 网友评价：防划伤车漆是外观的一大亮点	时尚动感，整车线条流畅自然 网友评价：A4L的前脸太完美了
内饰	做工精细，音响效果好 网友评价：有些配置相较于同级别的车略低	做工精细 网友评价：音响一般，导航落后
操控	方向盘非常轻，换挡平顺 网友评价：刹车灵敏，驾乘时身体舒适	方向盘手感不错 网友评价：油门偶有迟钝现象
油耗	网友评价：比较省油，百公里的油耗仅有8.7L	网友评价：燃油经济性较差，百公里油耗13L左右
整体总结	奔驰C级在奔驰车系里是比较畅销的车型，较强的操控性能吸引不少男性消费者，舒适型的驾驶体验和时尚的内饰搭配也赢得许多女性消费者的青睐	奥迪A4L采用了全新的外观设计，完美流畅的车身线条赢得了消费者的关注，但是油耗较高、配件费偏高等问题也让众多消费者望而却步

以上案例就充分说明了不仅要分析竞品的特点，做到合情合理，也要懂得扬长避短发挥自己产品的优势，同时还要考虑消费者的消费行为及习惯。

对于竞争品牌的调查和研究，是为了让自己能更好地找到市场切入点。所以，要多去观察整体市场，多了解竞品的各种信息。在撰写文案时，切忌把自己的优势与对手的弱势进行比较，这样只会陷入自己为自己辩解的僵局。

竞品分析的核心：一是要清晰地陈述竞品的目标、思路及结构；二是要找出差异点，站在客观的角度上对竞品进行分析，做到有理有据，增加消费者的信服感。

4.3.2　描述自己的产品

当我们向消费者描述自己的产品时，通常会想将所有的卖点全部灌输给对方，然而消费者往往一个卖点都记不住。很显然，这是因为你描述的产品卖点，没有从消费者的角度出发，更别提戳中消费者痛点了。

1. 认可自己的产品

想要别人认可你的产品，首先得让自己认可。如果自己都不熟悉或者不认可自己的产品，在向消费者介绍时岂不漏洞百出？

第4章 产品描述：用文案打造产品独一无二的卖点

> 你只闻到我的香水，却没看到我的汗水，你有你的规则，我有我的选择，你否定我的现在，我决定我的未来……

相信大家都看过这个广告文案，没错，这是陈欧拍摄过的"我为自己代言"系列广告大片，引起了80后、90后的强烈共鸣。

一句"我为自己代言"更是让聚美优品网站收获了大量粉丝，每天的订单不计其数，有些产品甚至一上架就被抢空。

上述案例中的陈欧，先将自己推销出去，让消费者认识自己，然后对自己的产品完全持肯定态度——"聚美优品只卖正品"，从而加深消费者对产品的认可度，激发消费者的购买欲。

现实中很多文案创作者在推出一款产品时，总会写出许多优美动听的文案去讨好消费者，或许消费者会因为你优美的语句而驻足几秒，但要得到消费者的认可，这样做的力度显然是不够的，所以在说服消费者之前，我们一定要先说服自己。

2. 与消费者心有灵犀一点通

设计产品的文案时，要明确产品的消费者是谁，了解他们的年龄、喜好、受教育程度等。

为什么星巴克卖月饼？

星巴克在大多数人心中一直是高级的代名词，星巴克的营销模式一直都是走高端风格，虽然价格贵，但也让人感觉物超所值，进入中国市场后，星巴克也逐渐地迎合市场，推出了具有中国特色的粽子和月饼。尽管一盒月饼价格不菲，但从未有人吐槽它"贵"。不仅如此，还反而更受消费者青睐。

我们都知道中秋节是我国的传统节日，而月饼是中秋节必不可少的点心和礼品。一方面，星巴克抓住了中国人对传统文化的情节，对症下药，推出了不同口味的月饼。另一方面，星巴克作为高档消费场所，也满足了消费者优越感的心理需求，在价格与价值之间，大部分人都会选择后者来满足自己的优越感。

所以在我们描述产品时，不仅要准确定位消费人群，还要挖掘他们的心理需求，让消费者获得了优质的体验，他们自然就会向你的产品靠拢。

3. 提高产品的审美情趣

在描述自己产品的时候还要善于运用文字当武器，赋予产品更多艺术感，引起消费者的情感共鸣，激发消费者的购买欲。

乔布斯曾说过："魅力基于品位。如果你重视利用每一个触点与客户建立联系，审美情趣就会自然产生。有审美情趣的产品具有一定的神秘感和吸引力。"

当消费者第一次接触你的产品、服务并产生体验的时候，他们首先会判断是否符合自己的审美观。苹果产品的设计也正是运用了高质量的审美情趣，创造出鲜明、深刻的第一印象，从而引起消费者的情感共鸣，激发起他们的购买欲望。

我们在描述自己的产品时，也需注意以下几点：一是文字要能描述产品的核心功能；二是文字要简练且可读性强；三是文字设计要有阅读层次性，以渐进式的文字设计引导消费者认知产品，以标题文字为核心，以内容解释文字为展开基础。

4.3.3 在对比中辨出好与坏

什么样的文案能激发消费者的购买欲呢？最常见的办法就是要突出你的产品比其他产品有更好的地方。很多时候，我们的产品不能完全颠覆市面上的传统产品，但卖点就在于某些方面更好！

通常在认知对比中，我们可以先描述竞品糟糕的地方（设计、功能、质量等），再描述竞品利益少（带给消费者的好处少）。例如，某榨汁机的文案：

> 有个榨汁机的文案是这样直接的——分离式刀头，易拆易洗。轻轻地拿着搅拌刀头盖，只需一冲，即可冲走果汁残渣。

很多消费者都表示看不懂，没有想要购买的欲望，而当我们用认知对比法进行修改后：

> 大部分人买榨汁机就图个方便好用，想喝就榨还清洗方便。但榨汁机的原理是果汁和果渣分离这一步需要滤网，清洗滤网简直是噩梦啊！
>
> 不怕告诉你们，我之前的榨汁机用几次就不用了，就是因为太烦清洗了，榨完必须用刷子立刻刷干净，刷完还得组装……
>
> 而这台机器，容器本身就是杯子，所以，清洗时，只需用水冲一冲杯子和搅拌刀头就行了，简直不要太方便啊！

修改后的文案指出传统榨汁机清洗麻烦，而自家产品不仅能让果肉果汁混合，更重要的是清洗方便，在这样的对比中，消费者能快速看到产品的优势。当然，我们在夸自己产品的时候，也应当夸得有理有据。

有个烤箱的文案这样写：

> 普通烤箱：配置普通内胆，热量不能到达炉腔各个角落，烤大块肉类容易外熟里生。无法植入烤叉，功能少，不实用。普通钢化玻璃，长时间高温烘烤时，有破碎风险。
>
> 我们的烤箱：配置钻石型反射腔板，3D循环温场，均匀烤熟食物无死角！特配360°旋转烤叉，能烤整只鸡和羊腿，外焦里嫩。经上万次防爆实验，研发出四层聚能面板，经得起"千锤万烤"。

这个文案中，对比不仅一目了然，更列出了消费者所担心的问题，比如安全隐患、食物烤出来的质量如何等。

所以在对比描述中，不仅要突显自己产品的优势，还要抓住消费者所担心的问题，不仅要让消费者看到产品的亮点，也要让消费者感到这款产品带来的安全感，从而加深消费者对产品的认可度，促进成交。

当我们在描述产品时，先指出竞品的差会有损消费者的利益，再展示自己产品的好会增加消费者的利益，自己的产品就会显得格外好。

【读者挑战】假设你的产品是自家做的小蛋糕，每天的产量较少，但制作材料上佳，外观漂亮。请思考你的竞品和产品优势是什么，并使用上述方法描述竞品与你的产品，创作一个文案。

4.4 产品吸引力：让消费者在脑海里调动自己的感官

你是否曾见过让你魂牵梦绕的文案？即使在看到文案的当时没有付诸行动，在之后也念念不忘，甚至以各种借口来说服自己去购买文案中提及的产品。这是每一个消费者都会经历的过程，是人们所谓的"种草"阶段，也是你激发消费者购买欲望的重要时机。

那么，如何才能为消费者"种草"，激发消费者的购买欲望？感官占领是一个有效方法。换言之，就是用文案营造画面，引起消费者视觉、味觉、听觉、嗅觉、触觉、感觉这六个方面的感知，诱发消费者产生购买欲。以下是利用感官占领，提升产品吸引力的具体方法。

4.4.1 戳中痛点，诱发感官联想

诱发感官联想就是指文案构建的画面，能够让消费者感同身受，沉浸在自己联想的画面之中。能让消费者达到这种状态的文案，才是有效的。例如，日本某腌制蔬菜品牌的广告文案：

> 被"欺负"过的蔬菜都是好吃的蔬菜。
> 已经一个多月了，被囚禁在伸手不见五指的黑暗里。（小黄瓜）
> 把大把大把的盐，涂满在刀伤的伤口上。（大白菜）
> 不知经历了多久，一直被浸泡在寒冷刺骨的冰水中。（茄子）

这个腌制蔬菜的文案就是通过构建画面，让消费者产生感官联想的案例。通过构建"小黑屋"场景，让许多怕黑的消费者感同身受；构建将盐撒在伤口上的场景，让消费者瞬间联想到疼痛感；构建浸泡在冰水之中的画面，让消费者联想到冬天触碰冷水的不适感。

虽然这些感官感知都与愉悦无关，但能让消费者记忆深刻。消费者看见这个文案可能不会立刻去消费，但在以后一听见腌制蔬菜，就会回想起这个品牌，这就是戳中了消费者的痛点。

又如，纪录片《人生一串》中，描述烧烤的文案，看完后让人欲罢不能，恨不得立即飞到烧烤摊，吃个尽兴：

> 全部调料都在烘托脑花原本的肥腻，
> 吃进嘴里，首先感受到表皮的微脆，
> 进一步才是香嫩软糯，像是不断在提醒你，
> 你现在吃的是脑花。
> 啃羊蹄儿的时候，你最好放弃矜持，
> 变成一个被饥饿冲昏头脑的纯粹的人，
> 皮的滋味、筋的弹性。
> 烤的焦香、卤的回甜。
> 会让你忘记整个世界。

相信大部分人看完后，都会直吞口水。能达到如此效果，与感官占领密不可分。我们先来看看这个文案中都涉及了哪些感官。"微脆""香嫩软糯"是舌头的触觉感知，"滋味""回甜"是味觉感知，"焦香"是嗅觉感知，"忘记整个世界"是感觉感知。

通过多种感官感知，让消费者好似来到了熙熙攘攘的美食街，一个个烧烤摊正散发出美食的香味……让消费者产生充分的感官联想，从而构建具体的画面，不仅能够让消费者记忆深刻，还能激发消费者的购买欲。

上述案例，为我们创作能够实现感官占领的文案提供了思路与方法。你在创作文案时，可以根据以下思考路径来构思：

你看见了什么？包括产品的形状、颜色、组成部分等。例如，你在创作口红的文案时，可以用另一事物的颜色来替换口红的颜色，让消费者对口红的颜色形成一个更加具体的认知。

你闻到了什么？例如，你在创作香水的文案时，不用"香味浓郁"，而是用"百合花的清香配合着雨后的青草香气，形成一种独特的香氛体验"来描述香水的香味。

你听到了什么？例如，你在创作音响的文案时，可以用你使用音响时的感受来描述音效，而不是只用"音效震撼"这样空洞的词语来描述。

你尝到了什么？例如，你在创作酸奶的文案时，可以用"乳白色的奶香冰激凌一样"来替代"可口"这种大众化的表述。

触摸产品，你感知到了什么？例如，你为床垫创作文案时，为突出其弹性，可以这样描述："仿佛躺在一只巨大的、毛茸茸的龙猫身上"。

你产生了什么样的感受？例如，你在写过山车的文案时，不要直白地写"惊险刺激"，可以描述"感觉自己冲上了云霄，心仿佛跳到了嗓子眼儿"的感觉，激发消费者一探究竟的好奇心。

4.4.2 多种感官组合，激发购买欲

一种感官联想有时效果不佳，你可以通过多种感官联想的组合创作文案，激发消费者的购买欲。例如，某购物平台的水果店上架了黄桃，吸引了不少消费者购买，其文案内容如下：

> 削完皮，果肉是金黄色的，一口咬下去，嘎嘣脆，唇齿间都是溅出的甘甜清爽的果汁。

这个文案虽然看上去平平无奇，但通过调动消费者的感官，让消费者在脑海中对黄桃形成一个具体的印象。"金黄色"是视觉感知，"嘎嘣脆"是听觉感知，"唇齿间的果汁"是触觉感知，让消费者感受到黄桃的"脆""甜""多汁"的特点，提升了文案的魅力，吸引消费者前来购买。

感官占领的文案创作方法，重点不在于语言的优美，而在于真实。通过各种感官感知的描述，让消费者可以在脑海中自行构建一个带有真实感的画面，只有这样才能激发消费者的购买行为。

有许多人可能认为，感官占领的文案创作方法只适合美食、酒水等餐饮类产品，实则不然。例如，美国著名广告人德鲁·埃里克·惠特曼创作的一个豪车品牌的文案：

> 这辆车拥有宽阔如客厅的车厢，关上它那扇拱顶似的车门，准备享受少数特权者的驾驶体验。你周围都是华丽而芳香的皮革，产自国外的硬木和昂贵的威尔顿羊毛地毯，这辆车会显出你独特的生活方式……感觉到了吗？当高达453马力的强劲动力召唤你释放它们时，你的肾上腺素正飞快地流过静脉血管。

这个文案直接将自己在这辆车上所看到的、闻到的、感觉到的都描述出来，让消费者仿佛置身于其中，正在体验试架服务，让消费者能够感同身受。

消费者对场景的联想中往往会有声音、画面、感觉等，因此，用感官占领的方式创作文案，运用多种感官联想的组合，效果会更好。你可以假装自己是消费者，将产品体验一遍，然后将感官感受都描述出来，打造一个画面感十足，能激发消费者购买欲的文案。

4.4.3 构建生活场景，凸显内心感觉

上述案例都是通过感官性词语让消费者产生感官联想，你在进行文案创作时，除了借助感官性词语，还可以构建生活画面，勾起消费者内心的感觉，唤醒消费者深藏内心的记忆。这也是戳中消费者痛点，激发消费者购买欲的一种方式。

第4章 产品描述：用文案打造产品独一无二的卖点

假设你经营着一家餐馆，希望通过文案为自己的餐馆带来生意，可以模仿《回家吃饭》的文案来进行创作：

> 发际线越来越高，
> 天花板越来越低，
> 只要吃一口板栗鸭，
> 就像回到了九岁。

这个文案中，没有出现任何感官性词语，通过文案内容"板栗鸭"，让消费者想起了小时候妈妈做的拿手菜，想起了家的味道，从而吸引消费者进店品尝。

又如，另一个相似的文案：

> 离开了爸妈，
> 还能吃到腊肉炒笋，
> 就觉得自己在北京，
> 过得还好。

这个文案也是通过"腊肉炒笋"来唤起消费者对家的回忆，并传达出一种"在外漂泊，想家了"的情感，引起消费者的共鸣。

上述两个案例之中的具体菜品实际只是一个"家"的象征物，可以替换成任意带有家的味道的菜品。通过唤起记忆，凸显对家的情感，激发消费者品尝美食的欲望。

你在创作文案时，也可选用能够唤起消费者记忆、情感的事物，激发消费者的情感与情绪，让消费者产生感觉感知，从而产生消费欲望。

假设你的产品是一款平价香水，你可以构建小时候偷用妈妈香水的情景，勾起消费者内心对童年的怀念，激发消费者的购买欲。那些打着"情怀"标签的文案，无一不是通过激发消费者内心情感来实现卖货目的。

【读者挑战】假设你的公司新推出了一款洗衣液，其推广要求突出其洁净芳香的特点。现在，请你试着用感官占领的方法来写一个文案吧！

4.5 产品场景搭建：痛苦场景（具体的、清晰的）+严重后果（难以承受的）

恐惧是一种先天的本能，通过向消费者诉诸恐惧，用"敲警钟"的方式唤起消费者的危机感，从而让他们有意识地去寻找解决危机的方法，激发消费者的购买欲，这是戳中消费者痛点的有效方式，也是打造"走心"文案的重要方法。

4.5.1 恐惧诉求法的高明之处

恐惧诉求法的最终目的是让消费者阅读完文案后产生危机感，只有让读者有了这样的感觉，他们才会衡量自己的得与失。而这类文案的高明之处就在于体现了产品能帮消费者避免麻烦，在危险来临之际能帮消费者把风险系数降到最低。

例如，某小区发生火灾后，由于业主没有购买家庭险，不仅不能得到保险公司的赔偿，还得自己掏钱重新置换家具，如果火灾对左邻右舍产生了影响，还得另外对邻居进行赔偿。

因此，你在售卖保险产品时，可以将这样的事件描述出来，使消费者产生恐惧的心理，毕竟消费者也无法确定这样的事件是否会降临在自己的身上，正是有了这种危机感，才会促使消费者去购买保险。

当你要用恐惧诉求法来创作文案推销产品时，你可以用以下方法进行对比：

第一步，描述正面，即拥有后的美好。

第二步，描述反面，即没有这款产品，你的生活会很糟糕。

正面描述就是"王婆卖瓜，自卖自夸"，常常缺乏说服力，因此我们还要从反面去描述，这就是恐惧诉求法。恐惧诉求法是许多营销人早就知道并且使用了的创作方式，但效果不佳。

例如，一款防尘螨床垫的文案：

> 螨虫遍布你的家中，是过敏性鼻炎、皮肤病的元凶，为了全家的健康，必须尽快除螨！

看了这个文案后，你真的感到害怕了吗？答案当然是否定的，这样的恐惧诉求只流于表面，根本无法唤起消费者的危机感。

作为文案创作者，想必你一定看过或者听说过《我害怕阅读的人》这个文案，其节选内容如下：

> 我害怕阅读的人。当他们阅读时，脸就藏匿在书后面。书一放下，他们就以贵族王者的形象在我面前闪耀。举手投足都是自在风采。让我明了，阅读不只是知识，更是魔力。他们是懂美学的牛顿，懂人类学的凡·高，懂孙子兵法的甘地。他们的血液里充满答案，越来越少的问题能让他们恐惧。他们仿佛站在巨人的肩膀上，习惯俯视一切。那自信从容的脸，是这世上最好看的一张脸。

你看到这个文案时，是否会想起当别人在聚会上谈房地产、谈经济发展趋势、谈艺术、谈哲学时，自己却很难插上话，脑海中也没有什么值得称赞的观点，就像一个局外人，只能看着别人谈得风生水起，聊得热火朝天。此时，你是否感到了无奈、悔恨？心里是否有一个声音在呐喊：要读书了！

上述内容中的两个文案都使用了恐惧诉求法，但得到的反响却完全不同。为什么可怕的螨虫让人感受不到一点恐惧，而读书这样儒雅的事却能说得字字戳心呢？这是因为前者没有引起消费者的共鸣。那么，应该如何才能戳中消费者的痛点，引起消费者的共鸣呢？

4.5.2　痛苦场景+严重后果

所有成功的文案基本上都由"痛苦场景+严重后果"组成，这样的组合方式便是戳中消费者痛点，引起消费者共鸣的方式。

例如，一个年轻的创业团队推出了一款防水喷雾罐，市场上的喷雾罐产品数不胜数，为了引起消费者的注意，他们在文案这样写道：

> 工作日下雨最崩溃了，不小心蹚一鞋水，在公司又换不了鞋，黏黏腻腻一整天。出门在外，领略过多壮观的美景，就要踏过多泥泞的道路。鞋子、背包、衣服、帽子更容易沾上汽油或者油腻食物。回到家后，无论你费多大力气都难以清洗干净。

读到这里，消费者就会突然想起某个雨天，自己在街头不小心踩到水坑，穿了一天湿鞋子的经历；还可能会想到某年去某地旅游，回家时风尘仆仆，鞋和包上的污渍怎么刷都刷不掉，最后只好扔了的情景。

在这个文案中，痛苦场景就是下雨天鞋子湿了、旅游回来衣物上的污渍洗不掉，严重后果就是穿湿鞋、扔掉脏了的衣服和包。通过"痛苦场景+严重后果"的方式，激发消费者购买防水喷雾的欲望。

从这一案例可知，凭空造出的文案往往得不到消费者的认同，只有从消费者的日常生活出发，将产品的卖点融入消费者的生活，让他们实实在在地看到由于没有你的产品，引起的生活中一些糟糕的事情。

又如，某电动牙刷在上线后的24小时内，1万只库存被一扫而空，其文案为：

> 但凡去过牙科的人都晓得：看牙真贵！治疗几颗牙，费用随便都要上千元，交了钱还要遭罪，躺在牙椅上，闻着消毒水的味道，任牙医的手在自己嘴里钻洞，疼得眼泪在眼眶里打转（痛苦场景），真是花钱又受罪！（严重后果）

从上述案例可知，想要写好文案，让消费者产生恐惧诉求，你的内容一定要接地气。接地气的方法有很多种，其中最简单的就是从生活入手，多体验生活，多了解身边消费者的需求，只有这样，你创作的文案才能让消费者产生恐惧诉求，激发消费者的购买欲。

除此之外，你还需要多站在消费者的角度来思考问题，注意细节，不要放过普通的小事件，往往越是普通的事件越能引起消费者的共鸣。

你还需要帮消费者分析其中的利与弊，例如，上述的电动牙刷文案，不仅告诉消费者不保护好牙齿就可能去牙科医院，那个时候不仅要花掉一笔昂贵的医疗费，还要忍受治疗过程中的各种痛苦，完全是一件花钱又受罪的事。

【读者挑战】如果你现在正在卖一款婴幼儿可用的竹浆纸，可以选择的痛苦场景有哪些，会带来怎样的严重后果？试着用恐惧诉求法写一个文案吧！

4.6 产品联想：形成认知联想，促发消费者的想象力

你在创作文案时，是否会遇见这样的问题：创作了一个有趣的文案，虽然点击量大，订单销量却没有多大提升。这是为何？这是因为消费者没有通过阅读你的文案形成认知联想，无法对你的产品形成具体的认知。

要让消费者对你的产品形成深刻而具体的认知，需要激发消费者的想象力，通过文案在消费者与产品之间建立联想桥梁，以下是具体方法。

4.6.1 构建使用场景，激发具体联想

构建具体的使用场景，能够让消费者联想到自己使用这一产品的画面，可以在极大程度上提高卖货率，实现变现。

例如，有一个甜葡萄酒品牌推出的文案如下：

> 来自意大利名庄，味道甘醇。
> 采用螺旋盖设计，轻松拧开瓶盖，用一根吸管便能品尝。
> 大瓶750ml，小瓶375ml，随你心意。

你看了这个文案是否有些心动？对于大部分消费者而言，葡萄酒是可有可无的东西，因此不会去买。就算买了，也不知道在什么样的场景去喝它，因为在他们可以联想到的使用场景中，都已经有了更好的产品。

下班回家，冰箱里还有啤酒、牛奶、可乐、雪碧等饮料；朋友聚会，还有江小白、红星二锅头等酒水；给朋友送礼，还有茅台、国窖1573、泸州百年老窖等中高端酒。最后的结果就是不买葡萄酒了。要让消费者购买，就需要找到一个消费者可以使用的场景，给消费者购买的理由。可以将上述文案修改如下：

> 看电影只能喝可乐吃爆米花，换点花样呗！
> 两瓶小甜葡萄酒，让你在电影院里体验聚会的快乐。

这为消费者提供了一个新的使用场景，通过文案让消费者联想到"在电影院看电影，到感人处，与朋友碰杯，喝两口甜葡萄酒"的场景，从而激发消费者的

购买欲。这个文案推出后，该品牌的甜葡萄酒销量明显有了大幅提升。

你在创作文案时，不要用"随时随地都可以使用"的表述，而是要构建具体的使用方法，因为消费者看文案时，不会去绞尽脑汁地想象这款产品的使用场景，而是直接判断这款产品是否适合自己。因此，用文案构建具体使用场景是必要的方法。

你在创作文案前，要观察你的目标消费者的生活场景，并将其生活场景进行细分，在细分的生活场景中找出你的产品可以使用的场景，从而解决"产品何时用"的问题（见图4-3）。

工作日	周末、小长假	年假	节日
◆上午:起床、洗漱、吃早餐、工作 ◆中午、下午:吃午餐、午休、工作 ◆晚上:加班、回家、陪家人、读书、看剧、朋友小聚、运动等	◆加班、学习 ◆看电影、逛街朋友小聚、吃大餐 ◆各类健身和球赛、近郊游 ◆"宅"在家等	◆工作 ◆远途旅游、返乡等，需要预订机票、火车票、旅馆，准备各类旅行用品等	◆旅游、返乡等 ◆通常要给父母、亲友或恩师准备礼物 ◆进行大扫除、走亲访友等节庆事项

图4-3 消费者生活场景的细分

你可以在以上生活场景或其他生活场景之中，构建一个特殊的、真实的产品使用场景，与文案融合，激发消费者对产品的具体联想，让消费者对产品形成一个具体而深刻的认知，推动消费行为的发生。

你用文案来构建产品的使用场景时，要选择一个与你的产品相符合的且不易被其他产品替代的场景。假设你的产品是榨汁机，如果你这样表述：

> 想喝果汁？随时可榨。
> 10秒即可得到一杯鲜榨果汁。

这个文案是通过构建了一个"想喝果汁"的场景，突出榨汁机"快速榨果汁"的功能，但这并不能打动消费者。消费者可能会在心里想："家里有酸奶、雪碧等饮料，想喝鲜榨果汁也可以点外卖，没必要专门买一台榨汁机"。出于这样的想法，消费者将不会购买你的产品。

你可以选择减肥的场景，相较于其他饮料，鲜榨果汁营养健康、低热量，还可以降低消费者喝饮料的负罪感，更适合减肥人群使用。构建真实的使用场景，不仅能够凸显产品的优势，还能激发消费者的购买欲。

4.6.2 打造刚需，激发场景联想

消费者在决定是否购买产品时，会充分考虑该产品是否为自己的刚需产品，刚需是指刚性需求，即在商品供求关系中受价格影响较小的需求，在面对这类产品时，消费者的购买欲望最强。利用文案，让产品变成消费者的刚需，可以通过以下四种方式。

1. 比喻联想

在创作文案时，你可以采用比喻的手法，让消费者有一个形成认知的参考对象，将消费者不了解的产品替换成他们熟悉的事物，让消费者更容易理解你的文案。这类文案往往能够增强消费者的代入感，让消费者通过联想，加深对产品的印象。

例如，某房地产商的卖房文案：

> 房价不会跳水，只是在做俯卧撑。

将房价的上下波动比喻成"做俯卧撑"，形象地表明了房价不会持续下跌，在下跌之后还会回升，从而吸引有刚需的消费者在低房价时买房。

这种比喻联想，是文案创作中最常用的方法。需要注意的是，你在使用这一方法时，要选择消费者熟悉的事物作为喻体，表述必须明确，只有这样才能让消费者产生联想。如果选用抽象的、难以理解的事物做比喻，就会使文案丧失联想的空间。

2. 行动联想

行动联想就是通过文案迅速地戳中消费者的痛点，让消费者通过自身的联想，产生购买行为。例如，别克昂科拉的卖汽车文案：

> 你有一颗比十万八千里还远的心，
> 却坐在不足一平米的椅子上，
> 我知道你的心不大，只是装不下一次出发，
> 去和自由一起私奔，
> 年轻！就去SUV。

消费者在看到这个文案之后，联想到自身的实际情况，产生买一辆汽车去旅行，为自己真正活一次的想法，从而诱发消费者的购买行动。这一文案是通过激发消费者内心对自由与美好生活的向往，促进行动联想的发生，实现卖货。

又如，红星二锅头的文案：

> 用子弹放倒敌人，用二锅头放倒兄弟。

通过连续的的两个"放倒"，让消费者联想到兄弟聚会喝酒的场景，联想到把酒言欢的画面，凸显兄弟情谊。这样的文案能唤起消费者的购买冲动。

你在创作文案时，可以通过抓住消费者的某种内心情感，或者通过动词的使用，激发消费者的购买冲动，实现变现。

3. 生活联想

生活联想是比喻联想与行动联想的补充，与上文中的构建使用场景，激发联想有异曲同工之妙。只不过前者更注重使用场景的构建，而后者更注重生活细节的描述，让消费者将产品与自身的生活联系到一起，从而提升消费者对产品的接受程度，提高购买概率。

例如，某房地产企业的卖房广告：

> 爱你可以不留余地，但家里最好不要太挤。

一句话，就能让你联想到在逼仄的房间里，时常传来有关鸡毛蒜皮小事的争吵的画面，让消费者联想到自己买了小房子后的生活，并对这种生活产生抵触感，从而激发消费者购买大房子的欲望。

又如，某金融产品的文案：

> 每个认真生活的人，都值得被认真对待……
> 他开了家深夜面馆，用地道的重庆辣子安慰下班的人，即使他们忘带现金。
> 她教会姐妹们跳舞，又教会她们理财，很高兴，55岁又做回自己。
> 他花光所有勇气，贷款买了辆二手车。

4. 歧义联想

在文案中适当使用歧义，可以激发消费者产生联想，并加深消费者的对产品的印象。例如，宝马MINI的文案：

> 别说你爬过最高的山峰，只有早高峰。

将"山峰"引申为"早高峰"，唤醒消费者早上上班堵车、焦急不已的记忆，激发他们对这一事件的联想，从而让消费者产生这样的想法：该买汽车了！

【读者挑战】假设你的产品是陶瓷杯，你可以构建哪些使用场景与认知？哪种场景能够增强消费者的代入感？试着用上述方法，创作一个文案，构建联想桥梁，激发消费者的购买欲。

第5章

产品证明：与其"发毒誓"，不如学会用文案让产品"自证"

如今"王婆卖瓜，自卖自夸"的文案大势已去，你需要另辟蹊径，与消费者建立信任，促成产品成交。"发毒誓"，不如做实事，你可以通过直接、间接或反向证明等方式，来提升消费者的信任感。

5.1 直接证明：讲述细节 + 提供数据 + 传授知识

直接证明，就是直截了当地阐述产品的相关信息，给予消费者最直观的感受，包括讲述产品的生产细节和品质、提供产品相关数据和传授相关知识这三种方法。

5.1.1 为消费者讲述关于产品的生产细节和产品品质

"不易破碎""韧性度强""吸水性好"这样的文案每天都能看到，无论销售人员如何卖力地推销产品，不仅看不到成交量，相反，有些产品还引起了消费者的质疑：这不都是自吹自擂吗？"

可见，我们在销售自己的产品时不仅要突出产品的卖点，还要通过事实让消费者产生信任感，从而促成产品的成交。在讲述事实的过程中，我们要从哪些方面入手呢？

第5章 产品证明：与其"发毒誓"，不如学会用文案让产品"自证"

1. 收集性能数据

收集性能数据的方法包括以下两种。

（1）用真实数据说话

日本某化妆品公司推出了一款沐浴露，其优势主要在美白上，市场上的美白产品数不胜数，为了凸显这款产品的优势，同时让消费者完全认可这一优势，该公司推出了这样一个文案：

> 洗个澡就能悄悄比别人白。

不仅如此，他们还在产品的详情页中这样写道：

> 想要肌肤变得白嫩，或许你有想过打美白针，但是昂贵的价格让你望而却步；或许你有擦过美白身体乳，但是擦完后的油腻给你增添了不少麻烦。这款沐浴露含高纯度（99%）的烟酰胺和熊果苷，烟酰胺不仅可以抑制、淡化黑色素，还能缓解皮肤老化，并且控油提亮，SK-Ⅱ等贵妇级产品中也添加了同等量的烟酰胺。现在，你可以只花88元就买到2000元的同等效果。

这个文案一经推出，很快引起了女性消费者的关注，不仅流量猛增，销量也一路飙升。它之所以能获得良好的反响，不仅因为文案突出了卖点，还在于其注入了真实数据，用真实的数据给自己的产品做宣传，与此同时，还为目标消费者做了产品成分的解析，帮助目标消费者更好地进行对比。

真实的数据不仅能帮助目标消费者深入了解产品，还能加深目标消费者对产品的信任感。

（2）将数据换一种形式表达

某公司推出了一款厨房洗碗纸巾，这款产品的亮点在于遇水不易破。为了让消费者有更直观的感受，文案内容如下：

> 它是用竹子做的。更重要的是，它遇水不易破，而且水洗之后还能方便地拉平晾干继续使用。当然，如果你用力地拉扯，它还是会破，毕竟是纸。用它洗碗、刷锅一点也不输平常用的洗碗海绵。而且，一张纸洗一堆脏的锅碗瓢盆完全没问题，干湿两用，还不掉屑！

不仅如此，该文案创作者还在文字的最后添加了一段实验小视频。视频中的实验者取出该纸巾放到水龙头下面冲洗，然后不停地用手拉扯纸巾，纸巾不仅没有破损也没有出现褶皱，接下来为了验证纸巾不掉屑，实验者用纸巾擦拭银盆，被擦过的银盆上没有留下一点纸屑。

这款产品的文案与视频一经推出后，产品受到不少家庭主妇的青睐，她们在通过实验小视频进一步了解该产品后，纷纷抛出了订单。

有时候将数据换一种表达形式能更好地给予消费者直观的感受。

通过这些成功的案例，我们可以看到消费者有时候关注的不仅是产品卖点，也关注产品功效的真实性。我们将真实有效的数据注入产品中，可以让消费者更加深入地了解产品，进而获得消费者的信任，提高交易量。

- **与熟悉事物连接**

与熟悉事物连接的方法包括以下两种。

（1）与实物连接，进行证明

60英里的时速下，这辆最新的劳斯莱斯车内最大的噪音来自电子钟。

这是劳斯莱斯汽车的文案，对于爱车一族的朋友们来说，当你加快车速时，无论道路多么平坦，总能听到发动机的轰鸣声。为了更好地突显劳斯莱斯的"静"，也为了让消费者能有最直观的感受，文案创作者奥格威先生使用了生活中常见的实物——电子钟，如此一来，即便是那些不懂声音原理的人，也能通过常见的实物在脑海中产生清晰的对比，从而认可劳斯莱斯的"静"。

用实物连接进行证明，不仅能给客户带来最直观的感受，也能让消费者更快地理解你的产品，通过这样的方式进行证明，不仅能拉近消费者与产品的距离，更能让消费者看懂产品的亮点，进而提高产品的成交量。

（2）用实验证明

纯棉的卫生巾不仅透气、吸收能力强，还适合敏感肌的女性朋友。然而市场上还有一种棉柔卫生巾，虽然二者看起来差别不大，摸上去的质感也都一样，但从名称上不易区分。这让纯棉卫生巾制造商感到很头疼："怎样才能突显纯棉的特性？"

于是他们做了这样一个实验，将纯棉和棉柔的卫生巾打开，然后分别用火点燃，被火烧过的卫生巾一目了然：棉柔卫生巾火烧后产生的生硬焦块让人心生抵触，而纯棉卫生巾火烧后产生的细腻松散的灰让人感到安心。

这个实验视频公布后，吸引了不少女性消费者的注意，此后，为了更好地保护自己的身体，更多人选择了购买纯棉卫生巾。

通过上述案例我们可以发现，实验证明更具备说服性。不同于文字数据那般枯燥，生动而严谨的实验过程更能激发消费者对产品的兴趣，同时通过实验法得到的结果往往也具备精确性，不仅突出了产品的优点，还能加深消费者对产品的信任，从而促成产品的交易。

当你向消费者推销某款产品时，有时候不需要使用大篇幅的说辞，消费者往往更想透过事实来看到产品的优势。实验证明能在很大程度上客观地反映产品的本质，用客观的方法展现产品的细节特征，进而从细节中反映产品的品质，增强消费者对产品的信任，促进产品的成交。

【读者挑战】假设你的产品是保温杯，你可以收集哪些性能数据？你可以寻找到哪些熟悉事物的连接？运用上述方法，将你收集的性能数据融入到文案之中，并与熟悉事物连接，创作一个文案。

5.1.2 提供数据：帮助你在三秒内促使消费者下单

消费者往往只相信自己看见的、了解到的信息，这种心理在产品的销售过程之中发挥着巨大的作用。相比于文字，数字是消费者最先注意的部分。

你可以在文案中加入数字，利用消费者"眼见为实"的心理，来凸显产品某一方面的特质，提升消费者对产品的信任感。数字的使用，可以让消费者在看到文案的一瞬间便被吸引，在三秒内促进卖货目的的实现。

那么，应该如何在文案中使用数字呢？

1. 挖掘数字来源

明白哪些数字在文案中的使用能够产生意想不到的效果，是使用数字吸引消费者的前提。有些数字在文案中不适合使用，否则会显得文案有些累赘，只有正确地使用数字，才能让文案吸引人，凸显产品的魅力。

例如，某房地产企业的卖房文案：

> 深圳×花园2000人排队购房，队伍长达3公里，1天收金10亿。

这里通过数字表现买房排队人数多、销售额高的特征，用排队人数、排队长度、销售额这三项数字，来表现该地房产销售火热，向消费者传递出这样的信息："我的房子如此畅销，用数据说话，买房选我准没错！"消费者被数据打动，使购买行为得以发生。

这就是使用数字打造的金句文案，虽然看似普普通通，但其效果却是实实在在的。巧用数字，可以打造文案金句，促使三秒钟之内达成卖货目的。

除了上述类别的数字，你在创作文案时还可以挖掘哪些数字呢？在提笔之前，你可以将所有你能想到的有关文案的数字，都写在纸上，然后加以判断。其中，可以深度挖掘的数字包括以下几种类型。

（1）挖掘人物的年龄

第一类便是与年龄有关的数字，包括你的产品创始人的年龄、企业高管的年龄、设计研发者的年龄、消费者的年龄等。将产品背后的人的年龄挖掘出来，为你的文案服务。

例如，某登山设备的文案：

> 梦想，永远都不会太晚，
> 我50岁才决定登珠穆朗玛峰，
> ××牌专业登山设备，为你的梦想保驾护航。

通过"50岁登山"的决定，向消费者传递出这样的信息：我都50岁了，但为了梦想依旧选择攀登珠穆朗玛峰，年轻的你，还有机会，购买××牌专业登山设备，去实现自己的梦想吧！

使用与年龄有关的数字，可以增加一种强烈的对比感，激起消费者内心某种强烈的情绪，从而激发购买欲。化妆品、护肤品、保健品等的文案会经常运用到年龄数字。

（2）挖掘历史数字

挖掘历史数字，包括你的产品已经研发多少年了、更新升级的次数、你的店铺已经创建的年数等数字。这一类数字多应用在餐饮类产品，或者对工艺技术有要求的产品文案中。

例如，某美妆老品牌的文案：

> ××，专注美丽20年，从不让你失望。

又如，美国某升降机制造公司的文案：

> 从1878年起，我们就支撑着全美的企业。

通过历史数字，凸显历史的沉淀，提升消费者对产品的信任感，让消费者产生这样的认知：屹立一百多年而不倒的品牌，总有过人之处。从而激发消费者的购买欲，提高产品销量。

（3）挖掘时间的长短

挖掘时间的长短主要包括挖掘产品在某个特定的时间，发生的某件事情，通过数字凸显这件事情，从而突出该产品的优势。

例如，某净水器研发企业的文案：

> ××，1年烧掉4亿美金造就的传奇。

又如，某服装店的文案：

> 一分钟卖出3万件衣服，老板比比尔·盖茨还有钱，他靠一个字颠覆了整个零售业。

上述两个文案都是通过短时间与高金额形成对比，突出产品的质量，激发消费者的购买欲。

（4）挖掘金钱的多少

挖掘金钱的多少包括挖掘工资、年薪、股份上涨价格、估值突破、融资等层面的金额数量，所有有关金钱的数字都可以放进文案中。

例如，某家培训公司有一门有关文案创作的课程，其文案为：

> 月薪3000跟月薪30000的文案差别究竟在哪里？
> ××培训机构，文案人的量产地。

通过工资金额的对比，提升产品的可信度，吸引消费者。在所有数字中，消费者对金额的敏感度最高，你在创作文案时，将金额放进来，可以迅速吸引消费者的目光，促成交易在三秒内达成。

（5）挖掘产品的质量

深挖产品的质量，就是深挖可以证明产品质量的数据，包括专业机构的认证数据、专利数量、销售量、销售额等数字。通过这些数据，凸显产品的质量，让消费者对产品产生一个深刻的印象，促进交易的达成。

例如，伊利金典牛奶的文案：

> 每一滴金典牛奶，都经过57道工序层层珍选。

通过生产加工工序的数字，向消费者表达金典牛奶的高品质，让消费者对质量信得过。

以上就是可以深挖的几大数字类型。除此之外，还可以运用以下花样用法，将数字的效果发挥到极致。

2. 数字的四大花样用法

在挖掘出可用的数字之后，你还需要了解"如何将简单的数字玩出花"这一问题，将数字的使用变得更灵活，不至于显得太过生硬。以下是具体的方法：

（1）波浪式

波浪式就是将数字以层层递进的形式表现出来，向消费者传递出紧迫感。例如，可以使用排比等手法，将平平无奇的文字打造成引人注目的文案。

例如，某家顶尖西装定制服装店的文案如下：

> 100个日夜，150名工人打磨，花费100万打造，只剪裁出这一件西装。

通过使用加工时长、工人数量、花费的金额等数字，并将"100""150""100万"从小到大排列，凸显这件西装的价值高、制作工艺精湛，从而吸引有相应支付能力与需求的消费者前来定制。

又如，诚品书店的名为《对书的100种偏见》的文案：

> 9998个人打开过咖啡馆的门，
> 8778个人参与了流行阴谋；
> 6006个人走进文化苦旅，
> 5959个人知道了台湾赏树情报；
> 1001个人使用过香水，
> 999个人目击到戴眼镜的女孩；
> 对书的100种偏见，来诚品的100种理由。

通过递减的方式陈列数字，凸显"来诚品书店的100种理由"这一结果，从而激发消费者前往书店的兴趣，促进图书的成交量。

由上述案例可知，波浪形数字运用的方式，就是"排列数字+结果"，可以给消费者一种压迫感，让消费者的心也跟着数字的波动而波动，促进消费者激昂、兴奋的情绪，在这种情绪中，消费者的购物冲动将会被放大。

（2）对比式

对比式就是将一大一小的数字进行对比，将产品的不同层面表现出来，或者是突出表现产品的某一特质。通过数字突出反差感，说服消费者，其主要表现方式为："数字+事实"。

例如，小米利用"2分钟定制""30秒提醒""31000次每分钟震动""16500转每分钟多维清洁"等多组实验数据，将电动牙刷的性能精确地展示出来，使消费者对小米的电动牙刷有了科学的认知，对其产品质量有了信心。

又如，某个游戏机的文案如下：

30岁的人，60岁的心脏。

××游戏机，让你重回18岁。

这个文案便是通过三个年龄数字的对比，凸显游戏机的娱乐功效，可以让消费者找回18岁打游戏时的激情，从而吸引消费者购买。

由此可见，对比式的文案运用，并不一定只能用两个数字，多个数字的排列，同样也能产生对比效果，凸显产品卖点。数字的对比越强烈，对消费者的效果越明显。

（3）地图式

地图式的数字使用方法，就是在文案中，将能够引起消费者共鸣的事件写出来，并用一个数量词来凸显这件事，从而加强消费者对产品形成更加深刻的认知，就如同给了消费者一个阅读指南。

其使用的具体方法为："数量词+有共鸣感的词语"，例如，海南某小吃街的推广文案：

海南人吃饭，吃来吃去就是这10种菜……

又如，某一化妆品的文案：

你不知道的×牌原液的10种用法……

这就是通过精选或者集合的方式让消费者对描述对象产生一个更加全面的认知，激发消费者的消费欲望。

（4）场景式

场景式就是通过数字为消费者创建一个产品的使用场景，让消费者对你的产品产生向往之情。例如，某个微课的文案如下：

> 每天3分钟，我教你用这一招日赚100万。
> 免费微课，助你圆梦！

场景式的数字运通，要贴合消费者的某种希望与渴求，才能有明显效果。其描述方法为："数字+场景"的融合。

3. 数字金句的锦囊

除了上述几种花式用法，在文案中使用数字来提高成交率还有细节方法，通过细节，凸显产品的特征，激发消费者的购买欲。

（1）使用点击率高的数字

高点击率的数字往往出现在文案的标题之中，起到"抛砖引玉"的作用。根据网络上的相关调查显示，"10"这一数字的文案点击率最高，排名第二的便是数字"5"，除"10"以外的两位数的点击率不高，点击率最低的数字是"2""4"。

你在创作文案标题时，应该避免使用点击率低的数字。

（2）将数字排在开头

数字的作用是吸引消费者继续阅读文案，提高文案的完读率，因此，数字要尽量放在文案开头，且越靠前越好。

在文案标题中使用数字，如果放在30个字之后，该数字就很可能在显示的时候被折叠，无法起到应有的作用。

（3）多使用阿拉伯数字

阿拉伯数字往往比中文数字更加醒目，可以在第一时间抓住消费者的目光，因此在进行文案创作时，不论标题、正文都要尽量使用阿拉伯数字。

当然也有特殊情况，例如，写星期几则要用汉字。如果要描述公历年份，则可以运用阿拉伯数字，如果描述农历年份则要用汉字。虽然在大多数情况下要用

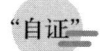

阿拉伯数字，但还是要尊重大众约定俗成的数字使用方法。

（4）数字要准确

数字是说服力的象征，因此一定要准确，要基于事实，不能说大话，否则会失去消费者的信任。

例如，某电灯泡生产商的文案：

> 钨丝灯比碳丝灯亮3.3倍。

其中，"3.3倍"这一个数字应该是进行对比试验后得出的结果，而不是胡编乱造的数据。如果不用数字，其表达可能是："钨丝灯比碳丝灯更亮"，与有数字的表达相比，逊色不少。这种真实的数据，就是文案中的细节，是可以获得消费者信任的利器。

（5）减少使用表示极限的数字化词语

与具体的数字相比，表示极限的数字化词语的表达不够亮眼，无法让消费者第一时间注意到。

表达极限的数字化词语包括最优、顶尖、独一无二、第一、无双、首屈一指等。如果你的产品情况与这些表示极端的词语不符，还可能让消费者产生被欺骗的感受，更严重者还会造成纠纷。

因此，你在创作文案时，应尽量避免使用这类表示极端的数字化词语。

【读者挑战】在寻找案例的过程中，发现一个卖车的文案："二氧化碳排放量只有99克每公里"，你认为"99"这个数字在此处使用是否恰当？为什么？思考完后，也小试牛刀，从另一角度创作一篇卖车文案吧。

5.1.3 像专家一样去讲解你的产品

消费者更愿意相信权威，你可以借助权威的力量来提升文案的可信度，除此之外，你还可以通过文案将自己或者产品打造成为专家，即打造专家人设。这就需要你在创作文案的过程中，如同专家一样，向消费者描述你的产品。

那么，如何才能打造一个完美的专家人设呢？

1. 熟悉了解产品是前提

如果你自己都不了解你的产品，向消费者展示产品的文案，又怎能打动消费者的心呢？因此，你需要全方位地了解自己产品的定位、功效、使用场景等，才能从中找出产品优势，更好地向消费者去描述。

假设，你的产品是针对初中生、高中生的奶制品，在文案中，你可以将自己打造成一个营养专家，并向消费者描述这款产品。但在此之前，你需要深度了解以下问题：

平时，妈妈们是怎样为正处于青春期的孩子准备食物的？营养是否均衡？

在给孩子提供营养时，会选择什么样的奶制品？是牛奶，还是奶粉等？

妈妈们为何会选择这些产品？

这些产品的优缺点分别是什么？

你的产品与之对此，有怎样的优势？

……

针对这些问题分条描述，可以让消费者对你产生认可，进而参考你说的建议来帮助孩子改善营养摄入。虽然你的目的在于卖货，却给消费者一种真诚的感觉，让消费者从你的描述中，获得相关的知识，从而赢得消费者的信任，促成成交。如果你的产品是知名产品，这种描述，可以更快速地提高产品销量。

如果你的产品品牌较小，知名度不高，你可以以设计产品的视角出发，描述设计这款产品的初衷，并详细描述设计过程中遇到的困难与设计团队的敬业，向消费者传递出这样的信息：虽然我们的品牌较小，但我们是怀着为消费者服务的工匠精神来设计产品的，可以帮助你解决实际问题。以此来提升消费者对产品的认同，吸引消费者购买。

例如，味千拉面的文案，其标题为"食之匠心，一碗面一辈子"，内容为：

> 一碗面的时间，对他而言是一辈子。
> 鲜美的脊骨慢火熬煮，
> 与醇香浓厚的猪骨汤完美结合。
> 在一次又一次的尝试中，
> 找到新的更高境界，
> 享受鲜到骨子里的美味。
> 味千匠心制作，
> 骨汤再升级，
> 这一碗让心里好满。

这一文案描述了一个年轻人毕生追求制作拉面的手艺,来凸显味千拉面背后的工匠精神,让消费者在阅读后,感受到制作拉面的人的真诚,为之感动,愿意为这一碗拉面买单,毕竟这一碗面的背后是一个人的一辈子。

这些文案中对产品的描述都是基于对产品有很深刻的了解,才能抓住能够打动消费者的信息。在创作文案前,要对消费者进行一个全面、深刻的了解,并抓住一个关键点来进行描述,记住,宁缺毋滥。否则很容易出现你描述了一大堆,却无法吸引消费者的情况。

2. 传业授道是途径

在全面了解产品的基础之上,你需要在文案中传授与产品相关的知识或者产品的正确使用方法。假设,你的产品是红酒,则可以传授品酒、识酒以及红酒文化等知识。通过知识的传授,打造专家人设,提高自身的可信度。

例如,金牌马爹利红酒的文案:

> 左边这里是颗最完美的葡萄。要4000颗一模一样的这种葡萄才能制成一瓶金牌马爹利。
>
> 那么,想一想下面的事:在一次大战将尽时节,在欧洲,在大部分本行文字的读者还没出生,电视还没发明以前,在新加坡成为独立国家前25年,我们采摘葡萄酿制成酒,蒸馏这酒成干邑,这干邑在木桶中静静躺卧,三代酿酒世家的酒窖主人小心守护,直到今年,这原初的葡萄才成为唯有非常幸运者才能享受到的金牌马爹利。

上述文案便是通过传授马爹利红酒的酿造工艺知识,来打造自身的专家人设,让自己的文案更具说服力,从而激发消费者的购买欲。

在传授相关知识的过程中,你需要注意用词表现出的语气,不能带有说教性质,而应该表现出单纯的知识分享的姿态。假设你的产品是爽肤水,你在文案的最后,应该以温和的语气,为消费者推荐,而不是发表"不用我的产品,你的皮肤就会变差"之类的言论,这样反而会让消费者生厌。

通过文案,向消费者分享一些"干货",可以让消费者产生获取知识的愉悦感,从而提升你的专家人设在消费者心中的可信度。

授业是传递知识,而传道便是向消费者传递价值观,让消费者在看了你的文案后有一种恍然大悟之感，获得一些启发，从而打造人生导师的专家形象。

奥美就是文案界传道的佼佼者，下面是奥美为大众银行创作的推广文案：

> 人为什么活着？
> 为了思念？为了活下去？为了活更长？
> 还是为了离开？
> "去骑摩托车吧！"
> 5个台湾人，平均年龄81岁，
> 1个重听，1个得了癌症，3个患有心脏病。
> 每一个都有退化性关节炎，
> 6个月的准备，环岛13天。
> 1139公里，
> 从北到南，从黑夜到白天。
> 只为了一个简单的理由！
> 人，为什么要活着？
> ——梦。
> 不平凡的平凡大众。

这篇文案便是通过向消费者阐述人生的意义，传递出"追梦"的价值观，既点明了"追梦让平凡的生活变得不平凡"的价值观主题，也传递出"大众银行不平凡"的商业概念，有"一箭双雕"之妙。

你在创作文案时，也需要向消费者传递出一种正面的价值观，引导消费者去积极地生活。这会增加品牌的温度，让消费者感知到的不仅是冰冷的商业交易，更是一场交心的灵魂式的沟通，拉近产品与消费者之间的距离。让消费者将你视为传授专业知识的专家，传递人生价值观的导师。

【读者挑战】目前有许多企业都在打造人格化品牌，为品牌创造更美好的发展前景。假设你有一个美妆品牌，主打药妆，请根据上述方法写一个文案，在文案中打造自己的专家人设。

5.2 间接证明：KOL力证+案例证明

间接证明，是指不通过直接描述的方式，而是通过他人，侧面证明产品的品质。间接证明的方法包括KOL证明和案例证明。

5.2.1 借力KOL：抱大腿，通过厉害的人从侧面宣传你的产品

KOL即Key Opinion Leader，意为关键意见领袖，是在一定领域具有相当影响力的人群。KOL这个词通常用来形容网红，但在此处可引申为所有对证明产品品质有帮助的名人，包括网红、人气偶像、专家学者、龙头企业家等能够让消费者信服的人。

曾经，我一直认为借助他人的影响力帮助产品销售是一件"不光彩"的事情，没有发挥文案自身的吸引力。但在很多时候，你自己宣传自己的产品有多么好，可能说破天别人也不愿相信。

而很多人愿意相信在相关领域具有一定影响力的人，通过这些人凸显产品品质，更能获得消费者的信任。

1. 借力KOL，建立信任

这类方法在电视购物中使用得最为频繁。例如，许多保健养生品牌都将目光放在了专家身上，往往会冠名一些养生类节目，然后请养生专家纠正一些生活中的养生错误及潜在的危害。随后在由主持人询问解决方法，专家会表示自己已经研究多年，发现某种保健品安全无副作用，已有许多人都从中受益。

这类套路已经屡见不鲜，但仍有许多消费者为其买单，这是因为人们无法抗拒KOL，对KOL天然有着一种敬畏之心。如果电视购物没有专家的加持，消费者很难对产品产生信任。

文案与电视购物对KOL的态度相似，都是通过有威信的人，来提升自身产品的可信度。例如：

> xxx（明星）用后都说好！

这样的文案不仅能够在一定程度上提升本身的可信度，还能通过明星效应，带来较多的流量与关注，可谓是"一箭双雕"。

KOL的威名固然好用，但你在创作文案时，可能会发现没有可以借助的KOL人士，这该如何是好？不要急，没有KOL，就培养一个KOL出来。

例如，日本某酒类专卖店就打造了一位KOL，来提升自己的卖货率：

> 一心一意经营酒类专卖店18年的顽固店长的真心推荐！

这个文案将经验丰富的店长打造成KOL，用专业能力与长期的经验打造KOL的影响力，从而提升产品的可信度，让文案更有力。

除了专业能力与长期的经验可以用于打造KOL的影响力，长期的产品体验也可以成为KOL影响力的来源。例如，某录像带商店的文案如下：

> 这是每年看500部电影的员工山口，今年哭得最惨的电影。

通过凸显员工山口对电影的见多识广，来构建山口的威信，并让消费者形成"连看过如此之多电影的山口都哭了，这部电影一定很好看，买来看看吧"的认知，从而实现录像带的卖货目的。

借助KOL的目的，是为了证明你产品的品质，让你的产品获得消费者的认可，从而与消费者建立信任关系，提升产品的销量。但值得注意的是，你借助的KOL需要与你的产品有内在的联系。

假设你的产品是牙膏，则可以借助牙医等关联度高的KOL人士的力量，也可以借力于拥有一口好牙的明星、长期与牙齿口腔问题做斗争的人等。但如果你请一个与牙膏毫无关系或者关联度较低的人，就显然无法与消费者建立联系了。

2. 借助KOL媒体的力量

正规媒体在消费者眼中就是KOL般的存在，如报纸、电视台、杂志等媒体，受到了广大消费者的信任。如果你的产品得到了这些媒体的赞赏，并将其写进文案中，将会为你的产品带来巨大的销量提升。

例如，HPF原液被《VOGUE》杂志称赞为："成分党挚爱的专业护肤品"，被设计杂志评为"十大科技成就之首"。在创作文案时，将这些赞誉加入文案，就可以将媒体的KOL性，转嫁到产品文案上，将消费者对媒体的信任转嫁到产品上。

其中，在我国最具有KOL性的媒体便是中央电视台，如果一款产品能够以正面形象登上新闻联播、焦点访谈等电视栏目，只要写出来，就会得到绝大部分消费者的认可。

3. 借助KOL认证的力量

你在通过KOL认证来提升文案的可信度时，要注意KOL认证的知名度，否则即便在文案中写出来了，也无法得到消费者的认可。

例如，某牙刷品牌的文案：

> 刷毛柔软，成三明治布局；
> 外表平庸，内里却精彩；
> 曾获13项专利，荣获红点设计奖……

这个文案中提到的"红点设计奖"，许多消费者都没有听说过，对建立消费者的信任没有多大帮助，会出现KOL"嫁接"失败的情况。

你在借助KOL认证创作文案时，如果产品的KOL认证是消费者不了解的，则需要加上一个具体的描述，让消费者了解到这个KOL认证的含金量。如果有多个KOL认证，尽量挑选名气最大的。例如，奥运会合作品牌、国宴合作品牌等。

4. 借助KOL机构的力量

KOL机构的赞赏，能快速提升消费者对文案的认可度，加强对产品的信任感。

假设你的产品是锁，在文案中你这样写道：

> ××牌防盗锁，安全、牢靠，守护你的安全。

这时消费者可能会产生怀疑：真的这么有用吗？要让消费者完全相信你的锁很好用，可以这样修改：

> 公安局分析了3364起入室盗窃案，发现××牌防盗锁很少能被撬开。

公安局是所有人都信任的KOL机构，通过其对大量案件的反洗，得出的结论，更具有说服力。

在借助KOL力量来赢得消费者的信任时，要从事实出发，不要"碰瓷"，否则在被揭发后，会使消费者对产品的信任跌倒谷底，甚至"永无翻身之日"。

5. 借助有口碑、有影响力的品牌，建立信任

有口碑、有影响力的品牌与企业同样具备KOL性，可以借助它们的力量，来提升文案的可信度，与消费者建立信任。

（1）借助同源KOL品牌的影响力

如果你的产品出自知名企业，那么你可以借助的KOL力量就是这家知名企业以及该企业的KOL品牌。

例如，巴黎欧莱雅与兰蔻同出于欧莱雅企业，兰蔻属于高端品牌，影响力、KOL性在美妆界数一数二。因此，许多海淘博主、带货达人有时会借助兰蔻的品牌力量，来进行推广卖货。其文案如下：

> 入不了兰蔻小黑瓶？还有成分一样的欧莱雅小黑瓶。

兰蔻小黑瓶虽然好用，但是贵，如果此刻有一个成分、功效一样的平价替代品问世，而且来自占据美妆市场份额较大的知名企业——欧莱雅，就问你心动不心动？品牌KOL性与企业KOL性的二合一，让欧莱雅小黑瓶在美妆界"混"得有声有色。

你在创作文案时，也可以将自己的产品与知名品牌做比较，将这些品牌没有而你的产品有的优势展现出来，如"价格低"等，从侧面宣传你的产品。但一定要选择与你的产品有联系的产品与品牌，如在同一个领域、有相似的功效、成分相同等。

假设，你在卖一款由小企业生产的化妆品，这款化妆品与部分高端化妆品品牌有些许关联，你可以这样创作文案：

> 我们的初创团队找到了全球顶尖的xx研究所，
> 这是一家拥有102年历史的美妆界"大牛"，
> 资生堂、雅诗兰黛、欧莱雅，
> 不少高端产品的配方都出自它。

通过与资生堂、雅诗兰黛、欧莱雅等KOL品牌配方的联系，借用它们提升自身产品的说服力，提升消费者的信任感，表明小企业生产的产品同样也有好品质，在创作文案时，只要有一个与KOL品牌有关联的地方，就可以写进文案中，

当作卖点，提升卖货率，先将名气培养起来。

（2）收集你的产品信息

来自知名企业、KOL品牌的产品在整体市场中的占比并不大，也许你的产品无法与知名企业、KOL品牌挂钩，但你可以收集自己的信息，提升消费者的信任度。

例如，地产企业品牌孔雀城，连续多年成功进入地产品牌前十名。其卖房文案就发挥了很大的作用，如：

> 3800个家庭的认可，连续3年稳居市场开发量和销售量前列。

大部分消费者在看见这样的销量后，会产生"这么多人购买，肯定不会太差"的想法，从而对该品牌产生信任感。吸引准备卖房的消费者前去参观与体验，增加了卖房成功的概率。

又如，香飘飘奶茶，也是通过自己的销量来向观众传递出自己产品的影响力：

> 香飘飘奶茶，
> 杯装奶茶的开创者，连续6年销量领先，
> 一年卖出7亿多杯，连起来可绕地球两圈！

先通过"开创者"表明自己在杯装奶茶界已经有了较为成熟的工艺与技术，质量有保障；再用"6年销量领先""7亿多杯"来凸显自己的产品受到广大消费者的欢迎。从而让更多消费者对香飘飘奶茶形成良好印象，与消费者建立信任。

你在创作文案时，也可以将自身良好的销量数据、曾经获得的奖项等融入文案中，提升消费者对产品的信任度。

（3）用坚定的决心向消费者证明

在看了以上建立信任的方法后，你沮丧地发现自己的产品与KOL品牌没有任何关系，也没有影响力，不要灰心，你还可以通过释放自己坚定的决心来宣传自己的产品。最为经典就是"假一赔十"，这样的文案。

例如，某个零食商的文案为：

> 不好吃，不要钱。

直接通过一句话，向消费者表明自己的零食好吃，即使消费者事后觉得不好吃也不用付钱。通过这种决心，打造自己产品的影响力，吸引消费者前来购买。

以上就是通过文案与消费者建立信任、宣传自己产品的方法，快来实际演练

一下吧！

【读者挑战】假设你开了一家生活馆，新推出了纯天然小黄姜纯露，有淡化斑纹的功效。根据以上与消费者建立信任的方法，尝试创作文案。

5.2.1 案例证明：描述写消费者证言和产品已有的售卖效果

通过描述消费者证言和产品已有的售卖效果，来告知消费者你产品的优势，赢得消费者的信任，激发消费者的购买欲。该方法的本质便是利用消费者的从众心理，吸引消费者。那么，在创作文案时，应该如何去用案例证明呢？

1. 挑选优质好评，击中核心需求

"王婆卖瓜，自卖自夸"一直都是营销的重要手段，但在如今，信息的获取渠道多、速度快，越来越多的产品"自荐"，让消费者难分真假，使用这种方式已经不能再与消费者建立信任了。

你在淘宝网购时，会怎么做？一般都是看其他消费者的好评、差评及追评，然后再向已经购买的消费者提问，最后查看买家秀。如果大家都评论很好用，则会购买；如果差评太多就不会购买。

创作文案也是如此，需要将好评展现出来，从而获得消费者的信任，促成成交。你可以在你的品牌社群、购买评论中挑选优质、生动的消费者好评与留言展示出来，证明产品确实好。但在这一过程中，必须挑选能够激起消费者核心需求的好评内容。

例如，某品牌的脱毛仪，在其文案中便引用了以下消费者好评留言：

> 夏伟：用完后，瞬间从"猕猴桃"变为"水煮蛋"，在夏天终于可以做回那个自信的我了！
>
> 张琳：用过飞利浦脱毛仪，这款脱毛仪更加人性化，采用冰点式脱毛，无痛，且脱毛效果好。
>
> 李丽：包装精致，有淡淡的玫瑰香，目前已经使用两次，感觉会用到海枯石烂！
>
> 张辉：可以根据自己的肤色进行脱毛，而且携带超级方便。

这款脱毛仪的价格是2399元，相较于同类产品算得上是价格偏高，消费者购买这款脱毛仪的核心需求便是脱毛效果好、对自身没有伤害，以上这些好评留言

第5章 产品证明：与其"发毒誓"，不如学会用文案让产品"自证"

就十分恰当，可以使文案被润色不少，提高产品的销量。

如果你挑选的产品评论都是只有"好评""好用"等这样寥寥数字的好评，就无法打动消费者，难道要在文案中写"有2212人默认好评"吗？消费者默认好评，大多数都是因为产品没有亮点、中规中矩，无法勾起消费者的分享与评论欲望。因此，你在挑选好评时，应尽量选择文字内容较实在的评论。

除此之外，你在创作文案时，需要选择能够抓住消费者的核心需求的好评，并将其融入文案之中。假设你的产品是充电宝，消费者的核心需求便是容量大、充电迅速。你在挑选相关好评之后，可以创作出这样的文案：

> XX充电宝，10400毫安，59元。
> 有137089人都说充电快，十分好用。

从大多数人的好评出发，凸显产品容量大、充电快的特征，突出相比于市场上同类大容量充电宝，价格更为实惠的优点。这样的文案简单直接，但具有说服力，能够提升消费者的购买率。你也可以不用概括的方式，直接将充电宝的好评内容贴出来，例如：

> XX充电宝，10400毫安，59元。
> 钻石会员小莉莉说："充电5小时，用电两小时，果真名不虚传！"
> 黄金会员梅梅说："59元卖的是"白菜"的价格，获得的却是苹果的质量。"
> ……

当然，上述文案只是为大家提供具体的写作思路，你还需要对消费者的评论进行美化，让语句更加贴合整篇文案的风格，让好评成为消费者提高对产品认可度的关键，从而促成成交。

2. 描述售卖效果，提升消费者认可度

对于展现已有的售卖效果，既可以单独使用文字，又可以只是用图片说明，最佳的方式便是"图+文"的方式。

（1）单独使用文字形式

只用文字描述售卖效果，需要用文字描述让消费者形成画面感，才能让消费者对售卖效果有一个更加直观的认知。例如，香飘飘奶茶的文案：

> 香飘飘奶茶，一年销售7亿多杯，连起来可绕地球两圈。

通过突出香飘飘奶茶的销量大，来引起消费者的注意，让消费者产生"这么多人买，它的味道一定很好！"的认知，从而激起消费者的购买欲望。

你在创作文案时，可以将产品的年销量、月销量等数据加入其中。除此之外，还可以将产品的使用效果作为文案的重点内容，例如，某减肥茶的文案：

> 莉莉是一个爱美的女孩，
> 两个月前，她160斤；两个月后，她120斤，
> 莉莉成功进入微胖女孩的世界。

通过产品使用前后的对比，凸显产品的功效，让消费者可以在脑海中形成有关减肥成功的画面感，从而激发消费者的购买欲。

（2）使用"图+文字"的形式

单纯地用图说话，并不是真正意义上的文案，"图+文字"才是文案最直观有效的方式。依旧以上述减肥茶为例，其文案不变，通过增加图5-1所示的图片，可以增加文案的可信度：

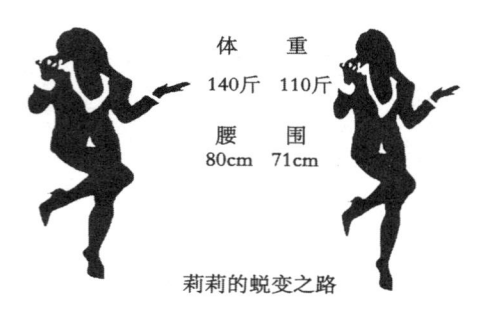

图5-1 减肥茶的文案配对图片

上述图片，会提升文案的画面感，让消费者对产品效果更加信任，从而拉动产品的销量。你在创作文案时，也需要提升文案的画面感。

精选生动的消费者好评，描述已有的售卖效果，用其他消费者的真实感受证明产品的质量，既能勾起消费者的购买欲望，又能提升消费者对产品的认可，这样的文案可谓是"一箭双雕"，能够在极大程度上提升产品的销量。

【读者挑战】假设你是完美日记线下店铺的文案创作者，为了在双"11"活动中推出镜面唇釉的折扣活动，你可以从线上店铺中挑选出那些好评？可以用何

种方式，将好评融入文案之中？接下来，便来挑战一下自己，创作一篇文案吧！

5.3 反向证明：打破权威

在我们的印象中，权威往往是高高在上、理性高于感性的，如果产品成为这样的权威，将会失去大范围的消费者，得不偿失。因此，你在创作文案时，需要注意反权威。

你可能会产生疑惑，上文中不是还要打造产品与文案的权威性，怎么在这里又要反权威了呢？

其实这并不冲突，这里的反权威，并不是拒绝借助权威的力量来增加可信度，而是将高高在上、不食人间烟火的权威，变为有温度、有情感的权威，通过真挚的情感打动消费者，赢得信任。换言之，我们反对的是没有温度的权威。

如何在打造产品、文案的权威性的同时，赋予产品、文案以温度，赢得消费者的信任呢？用平凡生活中的"真人真事真感情"来创作文案是个有效的方法。

5.3.1 用真人真事，反对冰冷的权威

真人真事，往往更容易打动消费者，让消费者接纳。

例如，支付宝作为最大的线上支付平台，其本身就是权威的保证。但它的文案却不标榜自己的"高逼格"，而是通过还原生活中的细节，不断增强消费者的认可度。其十年账单的部分文案如下：

> ××年×月×日，你第一次缴费，
> 缴了×元水费，想不起来了吧？
> 想不起来的还包括以前忘记缴费的琐碎与慌张。

这个文案通过还原缴费的场景，唤起消费者曾经的慌张记忆，从而让消费者更加觉得支付宝缴费方便快捷，增强消费者信任的同时，还将品牌的温度传递出来。

这里的真人真事是指大部分消费者都经历过的、能够引起消费者共鸣的事

件。例如，某餐饮店的文案如下：

> 既然大势已去，买不起房子，那就…先填饱自己的肚子吧！

如今，消费者的主要群体是"90"后，正处于房价高不可攀的时代，买房对许多年轻人似乎都成为遥不可及的梦想。这个文案正是将这种现状描述出来，引起消费者的共鸣，从而吸引消费者进店体验。

用真人真事冲淡权威的冰冷感的本质就是打造"人性化的语境"，让消费者能够沉浸其中。创造这种语境就是要将你的文案放到人性中去。例如，2003年获得坎城平面大奖的经典文案：

> 癌症治愈烟瘾。

短短6个字，就给人以极大的震撼与冲击力，让人明确地了解到烟瘾与癌症的关系。这就是"人性化的语境"的魅力。在文案中打造出这种语境，再合适不过。

例如，厨具品牌Anjali有一款水果削皮器，为凸显其"削皮"的功能，创作出了这样的文案：

> "削掉"麻烦的水果削皮器。

这一文案用一个形象的比喻，向消费者传递出：这款削皮器可以将麻烦的事物都"削掉"，从侧面凸显该削皮器的锋利。

你在新创作文案时，选择的真人真事也要体现生活的轨迹。

5.3.2　用真情，反对空洞的权威化

某家整形医院的文案如下：

> 天生美+医美=完美，
> 排行前三的××整形医院等你来！

这样的文案你在看完后，会去这家医院整形吗？虽然医美在许多消费者心中就是带有权威性的话术，但这个文案显然不能让消费者踏进这家医院。如果想要打动消费者，你就要避免这种空洞的表达，用真情实感让消费者产生共鸣，从而建立信任。可以将上述文案这样修改：

第5章 产品证明：与其"发毒誓"，不如学会用文案让产品"自证"

> 整形之后，你唯一需要担心的是如何向孩子解释。
> ××整形医院，业界排名第三，技术一流。

这样写是不是好了许多，用一句俏皮的话，既表现出在这家整形医院的安全无忧，也表达出整形效果好。让消费者在看完文案后，在脑海中想到自己向孩子解释的画面，想想就觉得十分有趣。然后再描述自己的权威性，再次加强消费者对其的信任。

这就是真情实感在文案中的运用。你在进行文案创作时，需要先将真实的情感表露出来，再进行权威的表述，这样才不会让文案显得空洞无力。

假设，你的产品是衣服，你可以写出这样的文案：

> 一袭星空裙，尽显高雅气质，
> 迪奥同款星空裙，

看完是不是还觉得差了一点什么？星空裙很美，但是这个文案并不能让消费者相信你的星空裙可以和迪奥的媲美。虽然借助了迪奥品牌的威信，但不能让消费者全心全意的信服。你可以这样修改：

> 今夜，你将星空披在身上，是童话中的公主。
> 迪奥同款星空裙，每个人心中的公主梦。

在消费者眼中，星空裙代表着浪漫，就如同教母为灰姑娘变出的礼服裙一样。而每一个女孩心中都曾有一个公主梦，通过将星空裙与公主梦联系到一起，刻画出生活的细节，让消费者对星空裙形成观念上的深刻认知，让消费者生出向往之情。

再通过迪奥星空裙，让消费者对星空裙形成一个现实的认知，从而增强消费者对产品的信任，提升文案的完读率。

你在创作文案时，需要通过细节的刻画，凸显真情实感，让消费者真正地对产品形成深刻印象，建立起信任。

5.3.3 凸显温度，赢得消费者的信任

凸显温度，让消费者从文案中感受到产品的温度，可以迅速地俘获消费者的"芳心"。例如，央视公益广告《打包篇》的文案描述了一个深爱孩子的父亲，

其文案如下：

> 他忘记了很多事情，但他从未忘记爱你。

这样的文案是不是让你想到了自己的父亲，宁愿自己吃苦，也要给你最好的关爱？如果所有的文案都能表达出这样平凡的、能够引起消费者共鸣的温度，不愁没有消费者买单。其中最为典型的案例，便是江小白，其文案节选如下：

> 清晨的粥只能填满胃，深夜的酒却能填满心。
> 成长就是将哭声调成静音，约酒就是将情绪调成震动。
> 肚子胖了，理想却瘦了。

虽然简短，但通过生活中的细节，将细腻的情感展现在消费者眼前，引出消费者内心深处的情感。这种带有感情的文案，可以增加品牌的温度。

你在创作文案时，需要将产品与现实生活的细节联系在一起，通过情感的刻画，打造出有温度的产品形象，赢得消费者的信任。

【读者挑战】你的生活中有哪些真人真事真感情可以运用到文案中呢？试着写出记忆最深刻的故事，并找出与之最合适的产品，然后创作一个文案。

第6章

消费触动：制造"五感"文案让消费者看完就买

创作了许多人人称赞的文案，却没有多少订单？主要问题就是价格。贵的产品，你要让消费者花钱花得享受；便宜的产品，你要让消费者觉得占了大便宜，这就是引导下单的精髓。接下来，就让我们去具体了解用文案引导下单的方法吧！

6.1

制造划算感：先展示其他产品贵的价格，再展示你产品的划算

制造划算感，就是让消费者感觉购买你的产品很划算。在心理学上，有一个著名的锚点效应，就是说，人们在进行决策时，易受第一印象支配，就像沉入海底的锚一样，把思想固定在某一处。

你在创作文案时，也可以借助价格的锚点效应，来引导消费者下单，并让消费者获得愉悦感。那么应该如何在文案中发挥锚点效应呢？

6.1.1 避免极端，设置中间价格

某品牌的一款手机，有3种价位：版本功能有限的只要1688元，版本功能达到极致的需要3888元，中间性价比不错的需要2000元。大部分消费者都会选择中

间这一款手机。消费者在判断购买哪一款手机时，会参考同款手机的价格（锚点），做出判断。

因此，你在创作文案时，可以将同类产品的不同价格展示出来，避免只展示极端价格，引导消费者下单。例如，某卖包的文案展示价格：

> 原价499元，现价299元，买到就是赚到，快来抢购吧！

虽然通过价格高低的对比，展现出超级优惠的折扣价格，但对下单并没有帮助。看见这样的文案，消费者在心中反而可能会产生疑问：这个包是"A货"吗？为什么折扣这么大？买这样的包真的划算吗？这个商家是否是先哄抬价格，再进行降价？

这些疑问会让消费者放弃购买，转而去淘宝等平台上搜索相同的产品，最后找出一款价格最适当的购买。

在这种情况下，可以运用锚点效应，将文案这样修改：

> 尾货清仓，淘宝原价499元，现价299元。害怕是假货？不用担心，我店作为十年线下老店，为感恩回馈客户，现定价320元，绝对真货，买到就是赚到，快来抢购吧！

这篇文案最后吸引了大量消费者，尾货售罄，这就是利用锚点效应，让消费者安心。淘宝店铺的价格太低，让消费者产生怀疑，原价与之相比又偏高，最后推出一个中间价格，让消费者安心，进而下单。

> 又如，你的产品与服务是西装定制，当消费者来询问价格时，你告知消费者价格在3000元左右。如果消费者犹豫不决，觉得有点贵，你可以告诉他还有活动款，价格只要1900元，并给消费者展示1900元的西装款式与样品，但做工、质量与3000元的西装差距较大，消费者还是很犹豫，在两者之间难以取舍。
>
> 此时，你再展示2200元的西装样式与样品，消费者发现这款西装质量与做工明显比1900元的要好上许多，但价格只高出300元，消费者会立马选择购买这款2200元的西装。

在上述案例中，"3000元"就是价格锚点，先向消费者展示极端价格，再展示中间价格，让消费者对你的产品安心。这种展示方式，在文案中也可以经常使用，来提升成交率。

6.1.2 权衡对比，引导下单

如果你在文案中给出的价格，无法让消费者判断是贵还是便宜，他便会通过寻找更多同类产品，与你的定价形成对比，为自己的判断寻找参照物。

在利用权衡对比的方法创作文案时，你可以直接在文案中给出价格锚点，也可以让消费者自己去寻找参照物，总之，只要能够让消费者下单，就是好方法。

1. 给出参照物，直接对比

你可以直接在文案中显示产品价格的参照物，让消费者直接对比，对你的产品形成更加深刻的印象，引导消费。

例如，植观氨基酸洗发水的文案节选：

> 很多人，脸上抹着上千元的护肤品，头皮却用着几十块的工业制剂，让人心疼……

这个文案将廉价的洗发水与上千元的护肤品做对比，通过护肤品的高价凸显洗发水的低价，从而让消费者觉得很划算。再通过与廉价的洗发水做对比，突出植观氨基酸洗发水的优质，即使价格比普通洗发水的价格高，也能吸引消费者下单。

你在创作文案时，可以提出更高价的产品，引出你的产品价格，让消费者觉得你的价格合理，从而接受你的高价产品。这就是直接描述参考价格的优点。

除了用其他产品价格与你的产品价格做对比，还可以用自身的原本价格做对比。换言之，就是将自己的原价作为参照物，例如，某个网课产品的文案：

> 原本，收纳整理服务课程需要120元，而现在，只需要99元，轻松学会改变人生的12个整理术！

这个文案就是与自己的原价进行对比，凸显优惠力度，吸引有相关需求的消费者前来下单。但你在创作文案时，要注意优惠折扣不能太离谱，否则会让消费者产生怀疑。认为你的产品水分太大，有先抬价后降价的嫌疑，不利于产品口碑的长期积累。

2. 以价格为锚点，增加附加值

例如，某培训机构的网络课程产品的文案：

> 作为私教，Matilda单次课程价格在1680元，这次我们为你争取到了299元的优惠价，首批学员还可享价值599元的优惠大礼包，3月16号恢复原价1680元……

在这个文案中，不仅让消费者将其产品原价与优惠价做对比，还通过599元的大礼包，来增加产品的附加值，从而让消费者形成"真便宜！"的认知，促成下单。

你在创作文案时，可以将产品的原价与优惠价格罗列出来，并将产品的赠品等附加值展现出来。例如，家电的文案可以用"包送包换""5年保修"等表述增加附加值，让消费者安心。即使你的产品比其他同类产品偏贵一点，消费者也愿意去购买。

3. 让消费者自己寻找参照物

除了直接描述参考价格，还可以给出相关的前提条件，让消费者了解你的产品价格的合理性，从而激发消费者对产品的购买欲，促成成交。例如，某款热销的榨汁机文案：

> 10秒榨汁、快速清洗，只要200元！
> 这个价钱，等于在外面喝十几杯果汁的价格，还不一定是真果汁。而本款榨汁机可以让你一年到头，天天喝自己鲜榨的果汁，口味也可以随意搭配！

298元的价格看似较贵，但当消费者去网上店铺搜索同类产品时，会发现真正贵的榨汁机价格可达上千元，虽然也有150元左右的价格便宜的榨汁机，但使用起来非常麻烦。此时消费者会想，我只需要再加50元，便能买到使用方便的榨汁机了，何乐而不为呢？于是，更多的消费者会选择购买这款298元的榨汁机。

这种价格锚点方法使用的前提，必须是你的产品在某一方面胜过其他产品。如果你的产品使用不方便、质量不好，即便有一个好的价格锚点，也不会让产品的销量有很大的提升。

【读者挑战】一家美甲店里有A、B、C三个套餐，价格分别为39元、59元和109元。消费者一般都只消费前两个套餐，C套餐做出的美甲更加好看，可供选择的样式更多，但消费者觉得比较贵，因此销量不高。

你能试着用价格锚点的方法创作一个文案，让消费者觉得109元很值吗？

6.2
制造有用感：让消费者觉得此商品是花钱少，但能取得高价值的好货

价值塑造就是让消费者在看见你的广告文案时，会觉得你的产品十分划算，物超所值。换言之就是让消费者觉得自己花少量的钱能买到高价值的产品。那么，应该如何进行价值塑造呢？

6.2.1 转变产品价值，提升"价值感"

都说"一分钱，一分货"，但在现实生活中并不是如此，许多消费者在购买某些产品时，并不是只注意产品的使用价值，还会看中产品的其他价值。在此种情况下，消费者是为了产品的"价值感"而付费。

在文案界一直流传着一个卖杯子的案例：

> 如果你在文案中只凸显杯子的使用价值，那么这个杯子的价格只有4元；
>
> 如果你在文案中体现杯子的文化价值，如"2019年的爆款杯子"等，则可以将杯子的价格提升到20元；
>
> 如果你能在文案中体现杯子的品牌价值，如"景德镇名家制造"，那么这个杯子可以卖到70元；
>
> 如果你在文案中提出杯子的内壁上还有一层磁性材料，有一定的保健功效，那么这个杯子的价格可以达到100元。
>
> 如果，你在文案中直接表明"乾隆同款杯子，完美复刻，全球限量售卖，只有1000个，具备典藏纪念价值"，那么这个杯子的价格甚至可以达到上千、上万元不等。

同样的杯子，经过价值的不断转变，销售结果也在发生转变。从这个案例可以看出，你在文案中凸显的产品价值不同，消费者获得的"价值感"也会不同，这会影响产品的售价。以下是转变产品价值，提升"价值感"的具体方法：

1. 转变定位

例如，脑白金原本的文案为：

> 脑白金加深睡眠，改善肠胃。

从这个文案中可以看出，脑白金的定位是保健产品，因此文案也在凸显其保健价值（使用价值）。但在当时，保健品行业正处于信任危机之中，使用这样的文案，并不能带来好销量。因此，将产品的价值定位转变，创作出这样的文案：

> 今年过节不收礼，收礼还收脑白金。

直接将脑白金的价值定位从保健品转变成礼品，让消费者记忆深刻的同时，也提升了产品销量。

你在创作文案时，也可以通过转变产品的价值定位，让消费者认同产品的价格，感受到产品的"价值感"从而促进成交。

2. 转变使用场景

例如，香飘飘奶茶最初文案构建的消费场景局限于冬季饮品，随后为了提升销量，推出了新的文案：

> 小饿小困，喝点香飘飘。

这句文案将香飘飘的使用场景从冬季，扩大到了上班、熬夜等各个可能发生"小饿小困"情况的场景之中，增加了消费场景，也增加了消费者购买香飘飘奶茶的购买动机，从而促进产品销量的提升。

你在创作文案时，不要局限于某种约定俗成的消费场景，要尽量放大自己的视野，找出更能凸显产品优势的使用场景。

3. 转变价格参照物

例如，某网课产品的文案节选：

> 很多同学都说实用，毕竟整套课程下来，还不到一支口红的价格。
>
> 与其花费时间在网上找教程、做攻略，测试各种网红护肤品，不如用一支护手霜的价格，听一听韩国明星皮肤管理老师带给你的一整套皮肤管理方案。

这个文案将网课的价格转换为一支口红、一支护手霜的价格，将网课的价值与一支口红、一支护手霜对比，从而让消费者感觉网课的价格非常实惠。

4. 转变价格的表现方式

对于价格中等的产品，你在创作文案时，可以直接使用上述方法。对于产品质量上乘、成本高、价格高的产品，则可以采用分摊法，让消费者觉得这个价格也不算高，还有一种能省钱的感觉。

分摊法就是将产品的价格分摊到每个月、每天、每分钟上，让消费者产生产品价格便宜的感觉。我的朋友一直使用价格较高的沐浴露，她一直认为一瓶300元的沐浴露，可以用3个多月，分摊到每天只要3元左右，十分划算。这就是分摊法的好处。

在创作文案的过程中，你也可以采用此法，让消费者觉得你的产品总价虽然较高，但分摊下来其实很划算。通过将较高的整体价格分摊成较低的价格，引导消费者下单。

6.2.2 给产品赋能，突出附加值

1. 赋予产品身份象征

例如，小米的文案在最初只是凸显产品的性价比，当消费者看到这样的文案时，还会认为小米手机有些廉价，不放心入手。在这之后，小米手机在文案中加入了这样一句话：

> 小米，为发烧而生。

这句文案成为小米手机的Slogan，让小米手机突破了功能价值，有了产品附加值，成为"发烧友"的身份象征。

又如，许多奢侈品都会在产品的功能价值之上，赋予产品身份价值。其中迪奥香水的文案如下：

> 此时，黄金显得冰冷，钻石缺乏了生机，豪华轿车也不够有吸引力，不要造作，感受真实的奢华。
>
> 唯有，迪奥真我香水。

这一个文案直接将香水与黄金、钻石、豪车相比较，凸显香水的奢华。许多明

星、富人，都会购买迪奥香水，因为这可以算得上是财力、品位与身份的象征。

如果你的产品是日常生活用品，你就可以根据各种消费者群体的标签打造产品的身份象征。如果你的产品是清新系的首饰，在文案中，你就可以将产品打造成"文艺青年"的象征；如果你的产品是运动类产品，你就可以通过文案，将产品打造成"追风少年"的身份象征。

产品不同，赋予产品的身份象征也会不同。最终目的就是让具有相同标签的消费者，或者渴望有类似身份象征的消费者下单。

2. 赋予产品精神内核

在这一层面做得最为成功的便是钻石商人，用"钻石恒久远，一颗永流传"的文案将钻石与爱情、婚姻挂钩，钻石至今仍然被很多人看作爱情的信物、婚姻的象征。爱情与婚姻便是文案赋予钻石的精神内核。

其中，DR（Darry Ring）钻戒将这种产品的精神内核发挥到极致，其文案为：

> 每个男士一生仅能定制一枚DR求婚钻戒。
> 寓意一生唯一真爱。

这样的文案强化了钻戒的精神内核，让其从一款首饰变成无价之宝，成为爱情的象征物。

你在创作文案时，也可以凸显产品的精神内核。如果你的产品属于零食类，则可以赋予其"幸福感""快乐"等精神内核；如果你的产品属于礼品类，则可以赋予其"孝""义""人生感悟"等精神内核。产品不同，赋予的精神内核也会不同。你需要找到最适合产品的精神内核。

3. 赋予产品情感

江小白就是将自己的产品品牌人格化，将白酒变成了年轻人的符号化象征。其文案如下：

> 无视得体与面子外衣，兄弟好久不见，下酒菜无须玉盘珍馐，聊聊曾经寝室藏的酒，说好的约酒从不改天，说好的AA绝不抢单，兄弟相聚，这张酒桌不讲规矩，简单约酒。

这样的文案能够让消费者感同身受，激发消费者的内心情感，用情绪引导消费者下单。此时，消费者消费的并不是产品，而是你的文案赋予产品的情感。换言之，也就是"消费情怀"。

你在创作文案时，可以适当地赋予产品情感，让产品"说"出消费者的内心情感，引导消费者下单。

【读者挑战】假设你在朋友圈销售江小白，你可以选择哪些事物进行价值转换？请根据上述方法，参考江小白本身的文案创作一个朋友圈文案。

6.3 制造稀缺感：七大手法，制造稀缺感文案

正所谓"物以稀为贵"，稀少的物品更容易被人追捧。根据这一原理，你在创作文案时，可以通过制造稀缺感，来引导消费者下单。那么，如何才能创作出具有稀缺感的文案呢？

6.3.1 制造稀缺感文案的七大手法

接下来，我将向大家介绍制造稀缺感文案的七大手法。

1. 限价

在消费过程中，"追涨杀跌"是消费者的行为准则。而定价是表现产品的稀缺性、帮助消费者判断产品价格是否上涨的最直观因素。许多产品在定价时，会将限价作为上策。

在消费者的认知中，产品的定价越高，具备购买能力的人越少，产品的稀缺程度越高；产品的定价越低，说明市场的供应量越多，产品的稀缺程度也就越低。例如，某家旅行社的文案：

> 早鸟价即将结束，13200元，七天走完南美洲。

我们都知道，在南美洲旅行的花费较大，这就极大地提升了南美洲旅行的稀缺性。该旅行社推出了早鸟价产品，通过活动的时限性，突出其稀缺性。

2. 限量

当一款产品随处可见，并且随时都能买到时，消费者一般不屑一顾；当一款

产品供不应求时，消费者就会趋之若鹜，这就是数量稀缺的结果。通过数量稀缺的方式可以告诉消费者，如果不买，"过了这个村就没这个店了"，从而促成购买，这就是限量。

例如，绝版游戏机、独家调配的香水等，这些都是用限量来制造稀缺性，让消费者产生紧迫感，从而促进购买行为。

限量也是制造产品稀缺感的有效方式之一，例如：

> 每天限量100份，从早上排队到下午，终于等到了心心念念的网红小吃。
> 一头牛仅供六客。（台塑王品牛排）

上述文案中的数字很好地制造出紧迫感，让消费者一目了然的同时，也意识到该产品的稀缺性，从而带动消费行为。

你在创作文案时，除了运用数字，还可以使用"全网独家发售""仅此一家""别无分店"等限制性词语，用来提升产品的稀缺性。

3. 限时

一款产品只在规定的时间内出售，并且该产品能让消费者享受到别人享受不到的体验，这就是限时。在文案中适当使用限时手法，就是告诉消费者赶紧下单，并让消费者获得一种"占便宜"的感觉，让消费者不再犹豫。

限时的表达方法还有许多，如"最后几天""仅此半天""距离活动结束还剩×小时"等。例如，某赏景园区门票的文案：

> 限时秒杀！最后两天，30元游三园。

上述文案使用了限时手法，在告知消费者买票信息的同时，也让消费者察觉到时间的紧迫，感受到了门票的价值与稀缺感，进而促成交易。

4. 限物

燕窝为什么卖得那么贵？因为它不易得，特别是高品质的燕窝。燕窝的稀缺性决定了其高昂的价格。

当你的产品本身不具备稀缺性时，你可以将产品的制作材料、制作工艺、耗费的人力、物力等作为描述的重点，让消费者感受到产品的来之不易。例如，某工艺品牌的文案：

> 传承1200多年工艺的品牌，今天又干了一件大事。

上述文案中没有过多渲染产品的特点，而是从产品的历史着手，让消费者感受到产品的可贵，从而促成交易。

你在用限物手法创作文案时，可以使用"多年传承""原创""历时×年"等词语，来凸显产品的稀缺性，制造紧迫感。

5. 限地

你是否发现在景区的酒店住一晚如此昂贵？在法国购买的香水比在国内购买的要贵出几倍？

产品的地域性决定了产品的价值。来自特定地区且其他地区无法提供相同品质的产品，具备稀缺性。用限地的手法描述产品，能提升产品的价值，凸显其稀缺性，也能增强消费者对产品的信任。例如：

> 来自长白山的极品小木耳，肉质厚、Q弹爽脆，快抢！

因长白山生态环境好、土地质量优，培育出的农产品受到了广大消费者的喜爱，但数量少，一经上市，便面临疯抢。在上述文案中，用限地的手法，凸显了来自长白山的小木耳的稀缺性，提升了其价值，让消费者不仅看到了小木耳的卖点，也了解到小木耳的发源地，更能放心购买。

6. 限人

每当节假日来临，我们总能看到这样的信息"半价门票，仅限60岁老人"，这就是限人手法，即限制购买人员的身份及购买数量，凸显产品的高价值与稀缺性。

星巴克限购的咖啡杯、小米的饥饿营销、儿童半价门票等都是使用限人手法的营销。例如：

> 仅限××大学生福利：今年毕业可直接保送美国大学。

上述文案虽然简短，但是圈定了人群——大学生，让有出国留学需求的大学生看到了产品的高价值与稀缺性，产生进一步了解的兴趣，从而促成交易。

7. 限心

大多数人都会被那些被禁的电影、小说、音乐激起探索欲望，这是因为人们有缺失感。你在创作文案时，也可以利用缺失感，激发消费者的探索欲，这就是限心手法。换言之，就是"得不到的永远在骚动"。例如，深圳某餐馆的文案：

> 你从未品尝过的民国名人菜，首次出现在深圳。

上述文案，通过"从未""首次"等词圈住了消费者的视线，不仅凸显了产品的珍贵与难得，还引起了消费者的好奇心，激发了消费者的探索欲望。一旦消费者发现产品符合自己的胃口，成交的概率就会增长。

6.3.2 制造稀缺感的细节

1. 与有说服力的数据组合

数据可以增加文案与产品的可信度和说服力。你在卖货文案中制造稀缺感时，可以用数据填补细节，让消费者对你的产品有一个更加直观的了解。例如，某房地产公司的卖房文案：

> 开盘10天，成交3亿元，销售额突破14.6亿元。

这篇卖房文案便是通过数据表现销售情况，更具说服力，让消费者知道该楼盘的销量很好，产生认知："现在如果不买，将来很可能会出现买不到的情况"，从而激发消费者的购买欲。

2. 表示稀缺性的数据要适中

当表示稀缺性的数据太过单薄时，会降低稀缺性，无法实现促使消费者立马下单的目的。

例如，你在卖货文案中用了"仅限三名"这句话，这样的表示稀缺性的数据太小，甚至会让消费者产生一种"这么少的名额，我一定抢不到"的感觉，从而放弃参与。当数据太大时，如"还剩3000个名额"，则会让消费者认为"还有这么多名额，即使不抢也没有关系"，从而达不到的目的。

3. 不要使用广告法禁止使用的限定词

很多人在描述产品时，会使用一些限定词来凸显产品的稀缺感，吸引消费者的眼球。如"全网第一""最××""国家级""极品""绝无仅有"等词语，这些都属于广告法中禁止使用的限定词。

这些看似"诱人"的限定词，非但不能为你的产品增添亮点，反而会给你带来麻烦，所以当你创作文案时，要注意避免使用它们。

但有时你可能会发现有些地方必须要用到限定词，否则文案的信息内容就会缺失，让消费者无法掌握更加准确的产品信息。在这种情况下，你可以借助其他词语来代替限定词，即把同等的价值嫁接到你的产品上。

例如，当你在描写一家没有星级评定的酒店时，不要直接使用"××星级"，可以用"××同等品牌"来代替。

【读者挑战】假设你在卖含硒的绿茶，其原产地是恩施，你可以根据以上手法创作哪些文案？

6.4 制造遗憾感：越害怕失去，越容易下单

制造遗憾感就是让消费者在没有购买文案中所描述的产品时，感到后悔和遗憾，感觉错过了一个非常好的产品。

6.4.1 罗列坏结果

你要通过文案让消费者害怕错过产品所带来的损失，可以将不买产品的坏结果罗列出来，从而激发消费者的损失厌恶心理。

损失厌恶心理是指消费者在面临同样程度的收益与损失时，对损失的接受程度更低。例如，你得到了一个100元的红包，获得5分的快乐，但你发出去一个100元的红包，会获得10分的痛苦。

例如，文案老师文卿之在租房时，曾见过这样的租房文案：

> 租房子，找我们，
> 一站式服务，专业更放心。

这样的文案根本无法吸引消费者租房，总感觉是租房公司在自卖自夸，无法让消费者感受到他们的专业。于是文老师将上面的租房文案进行修改，改后的文案如下：

> 每个月迟到，
> 要扣300多元，
> 那个比你差的同事，赚的却比你多，
> 住在公司附近，让别人羡慕去吧！

这篇租房文案提及的"扣300元""比你差的人赚得比你多"就是让消费者无法接受的损失与坏结果，可以激发消费者的租房欲望。这就是利用损失厌恶心理，促使消费者立马下单。

上述文案还可以这样修改：

> 从来没有睡到自然醒，
> 上班也没有激情，
> 你把时间浪费在路上。
> 你的同龄人已经升职了，
> 住在公司附近，多一点自由时间。

这篇修改后的租房文案便是将"没有睡到自然醒""浪费时间""他人已经成功"作为坏结果展示出来，让消费者无法接受，因此促进下单。

又如，文老师曾经在商场里看见一个健身房的文案：

> 燃动青春，突破自我。

虽然读起来朗朗上口，但无法让消费者感同身受，更无法让消费者立马下单。文老师了解到商场的一楼和二楼是服装店，三楼才是健身房，便对这个文案做出了如下修改：

> 如果你一年前来健身，
> 买衣服将不会这样难。

修改后，消费者在看到文案后会产生这样的想法："如果我再不去健身房，身材会越来越差，会错过许多人生的美好，实在是太可怕了！"对坏结果的抗拒与害怕，让消费者更愿意立马下单。

你在创作文案时，也可以运用上述方法，激发消费者的损失厌恶心理。但在文案创作过程中，不要用命令式的口吻，否则会让消费者产生不适。例如，你的产品是护肤品，你在创作文案时，不要这样表达：

> 不用××护肤品的人老得特别快，
> 不想老，就用××护肤品。

这样带有命令意味的生硬语气，会降低不少消费者对产品的好感，影响销量。如果你的产品不是全国甚至世界一流的产品，消费者还可以购买其他产品，何必为了一棵树放弃整片森林？有产品、有品牌，说话才有底气，当你的产品还不具备这些优势时，切忌让文案败坏"路人缘"。

根据上述案例，我们可以得知，罗列坏结果，激发损失厌恶的具体形式为"坏结果+解决办法（使用你的产品）"。

6.4.2 设置厌恶刺激

厌恶刺激就是让消费者在某个场景之中厌恶的行为或者事情。虽然看起来和罗列坏结果有相似之处，但其本质不同。罗列坏结果，是从整体上来描述某一件事情可能会对消费者造成的不良影响，而设置厌恶刺激，则是从细节出发，让消费者产生不愉快的情绪。一个注重"面"，一个注重"点"。

设置厌恶刺激也是激发消费者损失厌恶心理的重要方法，在文案中，也时常用到。例如，东鹏特饮的文案：

> 累了困了，喝东鹏特饮。

其中"累了困了"就是设置的厌恶刺激，让消费者在这些情景中，会购买东鹏特饮。如果消费者在购买后，发现这个产品针对"累了困了"的厌恶刺激有抑制作用，就会继续回购。

你在创作文案时，为了激发消费者的厌恶损失心理，制造紧迫感，可以设置的厌恶刺激如下。

1. 将失去的事物

如果你的产品是减肥药，就可以告知消费者："如果你不买减肥药，就会失去变美的机会"。让消费者害怕失去这个机会，促使消费者快速下单。例如，某电商的文案如下：

> 昨天，iPhone6s便宜了1000块，可惜你没来——每天上××网，不再错过重要折扣。

如果你不来××网，就会失去许多优惠的购物机会，是不是看完后，想立马上网，看看今天有什么优惠的产品？

2. 担心会发生的事情

例如，王老吉的文案：

> 怕上火，就喝王老吉。

"怕上火"就是消费者担心会发生的事情，随后给出解决方案"喝王老吉"。

3. 必然会发生的事情

例如，某个卖房文案：

> 选不对楼层，就会吸雾霾。

在文案中直接将必然会发生的事情表述出来，让消费者产生损失厌恶心理，从而激发消费者购买较好的楼层的欲望。

根据上述内容，我们可以得知，通过设置厌恶刺激，激发消费者的损失厌恶心理的具体方法为"厌恶刺激存在的情景/厌恶刺激想成的事情+解决方法（购买产品）"。

6.4.3　给出正当的消费理由

有时候，你在文案中罗列了坏结果，也设置了相应的厌恶刺激，当消费者仍然无法下定决心下单时，他们的心路历程可能这样的：

真的好心动，买了这件产品，就不会发生那些不好的事情了。但我没什么存款，马上又要交房租了，但我真的好想买。不行，要理智一点，经济没有独立，怎么能乱花钱，可我真的想买啊……

这就是消费者犹豫不决时的内心活动，此时，你要给出消费者一个消费的正当理由，让消费者下定决心，购买产品。例如，某个保险业务员，在朋友圈发布了这样的卖保险文案：

> 当你急用钱时，是否如同热锅上的蚂蚁？是否会向周围的人借钱？
> 能拿出2千的是同事；能拿出1万的是朋友；能拿出2万的是亲戚；能拿出5~10万的是兄弟姐妹；能拿出20万的是父母；能拿出30万甚至50万的，只有保险公司……
> 拒绝保险，就是拒绝平安，拒绝幸福！

在这个文案中，设置的厌恶刺激就是"急用钱"的场景，坏结果就是与你亲密度不高的人给你的额度不高，解决方法就是买保险，保险可以给你30～50万。在末尾，还给出消费者正当的消费理由：买保险，就是为自己的平安与幸福买单。

由此可见，给出正当的消费理由是激发消费者厌恶损失心理后，促进成交的临门一脚。我们可以总结出利用厌恶损失心理创作文案的具体方法："罗列坏结果/设置厌恶刺激+解决方法（购买产品）+正当消费理由"。完成这3步，让消费者不购买才是难题。

你在创作文案时，可以按照上述3个步骤来进行，在文案中告知消费者，及时下单，可以避免坏结果的产生，是对自己有利的事情。在激发消费者的购物欲望后，给消费者吃一颗"定心丸"，让其下定决心下单。

【读者挑战】假设你正在销售彩亮镜片清洗液，你可以罗列出不购买这款产品的坏结果吗？请根据这些坏结果，在文案中，设置厌恶刺激，并给消费者提供正当的消费理由，引导消费者下单。

6.5
制造紧迫感：帮消费者克服购买前的犹豫

俗话说人生有"三苦"，即"求不得""怨憎会""爱离别"。限时限量促成交法则就是利用"三苦"之一的"求不得"，来帮消费者克服购买前的犹豫。

大部分消费者都能感受到求而不得的痛苦，通过向消费者传递这样的信息："如果你不马上购买，就会失去这样一个你再也得不到的机会"，从而制造紧迫感，促使消费者立马下单。那么，应该如何在文案中，通过限时限量法则，来制造紧迫感，促成成交呢？

6.5.1 限时法则

限时法则就是在文案中表达出产品限时购买，或者限时优惠的意思，迫使消费者立马做决定。例如，某产品的文案：

特价568元，优惠截止到11月20日，11月21日起将恢复原价890元。

这就是利用限时法则创作的文案，给产品的优惠价加一个时间限制，制造紧迫感。

夏利是一位插画师，他将自己的《山海经》系列插画做成集合出书，定价为269元。夏利的插画虽然十分受粉丝的喜爱，但粉丝觉得价格太贵，因此一直在犹豫是否购买。于是夏利推出了限时优惠活动，并请朋友写了一个文案：

> 干净利落的线条，浓淡相宜的色彩，形态各异的妖兽，为你描绘出瑰丽奇幻的山海世界！
>
> 粉丝优惠价120元一本，真实售价为269元一本，优惠活动截止到本月30日12点。
>
> 随便一顿海底捞也要200元，买这本绘本还能找零80元！
>
> 快来与我一起探索山海经的故事吧！

这个文案可让消费者感受到优惠的差价，激起购买欲。并且用一个时间限制来制造紧迫感，引导购买行为。

6.5.2　限量法则

限量法则就是对优惠活动的参与人员设置一定的限制。例如，某位营销界的高手，创办了微信引流营销的培训班，但定价高达6600元，虽然是面对面教学，可以让消费者具备较强的实操能力，但大部分消费者都认为价格太高，不愿意下单。

于是该营销高手自己创作了一个文案，来提高培训班的下单量。其文案内容节选如下：

> 我们采用"实战与教学相结合"的方式，直到学员学会为止。但是我们的学员在学成后，可能抢了某些人饭碗，让行业重新洗牌。考虑到这个问题，我们做出了人性化的决定——本次培训课程，将是近3个月以来的最后一期。
>
> "风云变化瞬息间"，互联网世界日新月异。一个月便是一年，紧跟时代步伐才是上策，为确保教学质量，本次培训人数有限，仅限60人。目前已有36人提前付款预订，名额仅剩24个。剩下的名额不仅要拼手速，还要看运气。

这个文案先强调互联网世界发展迅速，如果不及时充电将与时代脱节，让消费者意识到要趁早学。然后通过"仅限60人""名额仅剩24个"等话语来表现报名的火爆，从侧面突出培训班的效果较好，能够学到许多干货，并让消费者形成"我要快点下单，否则就抢不到了"的认知，制造紧迫感，促成交易。

例如，保时捷利用限量法则推出的文案：

> 新款特装911，全球仅10辆。

限量法则是文案创作中最常用的方式，会给限量的消费者提供优惠、折扣与礼品，提醒消费者此时是一个绝佳时机，激发消费者的购物冲动，促进当场成交。

你在用限量法则创作文案时，还可以借助明星、网红光环。例如，小米曾经推出一款印有初音未来画像的手机，其文案如下：

> 初音限量版小米手机，只要1699元。

通过二次元虚拟明星初音未来的加持，凸显此款手机的稀缺性与收藏价值，进一步强化消费者购买的决心，促成交易行为。

6.5.3 限制身份法则

限制身份法则就是设置能够享受优惠、免费获得礼品的身份门槛，让符合条件的消费者觉得此次活动难得，立马下单。

某家医疗器械店推出了某款血糖测量仪与血糖试纸套装的优惠活动，购买可得50元补贴。为了向消费者展现活动的力度大，提高套装的销量，该店创作了这样的文案：

> 2019年老年人高血糖康养治疗扶助计划开启，
> 本店高档血糖测量仪与试纸套装每套补贴50元，
> 仅限50岁以上的市民享受该补贴政策，
> 可凭身份证到店领取，每日仅限100个名额，先到先得。
> 订购电话为：××××

这个文案虽然看起来平平无奇，甚至显得有些"老土"，但其效果十分明显。设置身份门槛为"50岁以上的市民"，门槛较高，还要凭身份证才能领取，让消费者对本次活动产生"非常正规"的认知，提升了消费者的信任感。达到身份门槛的消费者甚至会想"幸好我符合标准"。

虽然从表面上看，限制身份法则将目标消费者的范围变窄了，似乎对销量有不利影响。但实际上，这一法则筛选出了真正有需求的消费者，让他们积极地行动起来。该店在推出这一文案后，时常接到老年消费者的电话咨询，有效地提高了套装的销量。

你在创作文案，设置身份门槛时，一定要根据自身产品的细分定位来设置，不能将核心群体排除，而是要排除一些没有消费需求的群体，否则限制身份法则会起到反作用。

【读者挑战】马上就是双"11"活动了，假设你的店铺上架了新款毛衣，请根据上述方法，创作一个文案，在"双11"活动中提高新款毛衣的销量。

Part 3

文案变现实战：让能使产品热销的三种文案落地

第7章

短视频文案：如何在15秒内用文案构成画面，让人"剁手"

如今短视频文案大火，形成了"南抖音，北快手"两家独大的局势。一条15秒的短视频能带来上万级的销量，其文案功不可没。接下来，我们将以抖音、快手为例，分析短视频文案的创作方法，探讨利用短视频文案实现卖货目的的奥秘。

7.1 常见抖音、快手短视频文案的写作方法

近年来，抖音、快手仿佛已经成为人们生活中不可或缺的一部分，甚至还有了"南抖音，北快手"的说法，可见其流量之大。因此，抖音与快手也成为各个商家、个体引流，实现变现的重要平台。

能够在抖音与快手上实现变现的短视频，其文案功不可没。接下来，我将向大家分享抖音、快手上的短视频文案的几种基本写作方法。

7.1.1 设置悬念法

设置悬念是最能引起短视频用户注意的方法，能够迅速实现引流目的。例如，在快手上有这样一个文案：

> 一个老太太的地位与某位富豪平起平坐。

用户看了之后，会产生这样的疑问：什么样的老太太可以与富豪平起平坐？随后会忍不住点进去观看短视频。其实这条短视频的主要内容是讲述支付宝付款功能背后的互联网思维。如果直接在文案中使用"支付宝付款功能背后的互联网思维"，会让人觉得太过严肃，一点观看的欲望都没有。

这个案例主要是通过名人与普通人的对比，来展现一件与用户一般认知不同的事情，制造悬念，从而吸引用户继续观看视频，提高流量变现的概率。

又如，抖音上卖芝士片的短视频文案：

芝士还能怎么吃？芝士片×泡面，爱它就泡它！

这就是通过提出问题的方式设置悬念，让用户忍不住点开视频看看芝士的另类吃法，了解芝士片与泡面的搭配究竟是何感觉。部分好奇的用户，会直接点击商品链接，购买芝士片，体验一下。

7.1.2 盘点法

盘点法，顾名思义就是就某一个主题，将相关的信息集合罗列出来。在抖音、快手的短视频文案之中，经常使用该方法，引起用户的注意，让用户点进去了解详情。

例如，抖音上某个卖衣服的短视频文案如下：

不看后悔！教你用50块钱买到的衣服穿出大牌的feel！码下这些关键词！

这样的文案会吸引某些资金不够又想打扮得体的用户点击观看，为变现打下流量基础。

又如，快手上某个卖化妆品的文案如下：

带男友买化妆品的10大方式，你get到了吗？

在"单身狗"成为流行词的今天，有关"男女朋友"的话题是许多用户最关注的话题之一，这个文案以"男友"话题为卖点，并通过盘点法让用户产生好奇心，点进去观看短视频。在观看短视频的过程中，可能会被某款化妆品"种草"，最终选择购买。

7.1.3 数字法

数字是最具影响力的表达形式之一，可以提升文案的说服力，在第一时间抓住用户的目光。例如，某个快手上的短视频文案如下：

> 这个山东女人太狠了，直播间3小时保单4万单！

用"3小时""4万单"这样的数据吸引用户点击观看，然后利用从众心理引导用户下单。毕竟有许多人都下单，且评论里都说这家店里商品的质量还不错，这足以为该店带来可观的变现流量。

又如，抖音上某款健身App的推广文案：

> 再大的肚子，5天就不见了。

这个文案用"5天"这个数据显得比较夸张，但就是因为其夸张，才能吸引到更多用户的关注，为实现变现打下基础。

7.1.4 故事法

通过描述一个故事来吸引用户的注意，提高变现率，也不失为一个好方法。

例如，抖音上有这样一条文案：

> 小伙是个购物狂，明明有钱却很抠门，为省200，扔了8000？

这个文案描述了一个特定的故事，让用户产生这样的疑问：他究竟做了什么？为什么省了200，扔了8000？引起用户的观看兴趣。这类使用故事法的文案是通过描述一个与现实相近的故事来引起用户的观看兴趣，进而实现引流目的。

又如，现在流行的小说推广，就是将小说的故事展现一半，让用户对小说产生兴趣：

> 叶辰，你已经被逐出正阳宗了，
> 正阳宗从不留废物，
> 想走？从我胯下爬过去吧！
> ……
> 超级修炼天才丹田被破，看他如何逆袭！

通过展现小说的开头部分，引起用户兴趣，吸引用户前去阅读小说，了解男主角的逆袭过程，实现为小说、阅读平台引流的目的。

故事法不仅包括生活中的故事，也包括脑洞故事，只要能够吸引用户即可。

7.1.5 利益引导法

该方法就是用可见的利益引导用户观看短视频、下单。例如，《仙剑奇侠》游戏在抖音上的宣传推广文案：

> 客官，码来了！C46826，每个用户只能领取一次哟！
> 仙剑奇侠单机版终于公测，上架一周获得9.8高分！去玩一下。

直接在文案中告诉用户礼包兑换码，提供福利，激发用户玩游戏的欲望，最后再用9.8的高评分继续吸引用户前去下载。在这个文案中，礼包兑换码就是吸引用户的利益点。

又如，快手上某跑鞋雨刷器的文案：

> 跑鞋雨刷器，走路的时候自动刷鞋！

这个文案就是告知用户："你使用这个跑鞋雨刷器十分方便快捷。"便捷性就是这个文案设置的利益点，用来引导用户观看短视频并下单。

以上便是抖音、快手上常见的短视频文案写作方法，对我们有一定的借鉴意义与参考价值。

【**读者挑战**】你在抖音、快手上刷出过哪些别具一格的短视频文案？试着从写法上去分析这些文案为何能够吸引你的注意力，并将结果记录下来，作为自己的写作素材吧！

7.2 借鉴法：肚子里没墨水，也能打造高流量文案

借鉴法是打造火爆的短视频文案的捷径，可以帮助你快速引流，让你在抖音、快手上迅速积累起一批粉丝。即使你的肚子里没有墨水，也能打造出高流量文案。那么，应该怎样借鉴呢？

7.2.1 从其他视频网站、国外视频网站借鉴

当你没有创作灵感，或者刚刚起步时，可以从其他视频网站借鉴文案，作为

自己短视频的文案。国内常见的借鉴网站有哔哩哔哩、西瓜视频、今日头条、火山视频、斗鱼直播、微博等。国外常见的借鉴网站有Facebook、YouTube等。

你从这些网站借鉴短视频文案时，一定要选择那些"病毒型"短视频。因为其传播性特别强，可以像病毒那样迅速扩散开。只要一个人"感染"就会快速传染给下一个人，经过不断传播，最终影响力会越来越大。

借鉴"病毒型"短视频的文案也是如此，可以吸引更多人观看、转发，让更多人了解短视频中出现的产品。

"病毒型"短视频可以被广泛传播还和视频内容有关，通常那些传播甚广的短视频故事都非常扣人心弦，容易引发人们的讨论和共鸣。因此你在创作短视频文案时，也可以借鉴那些故事型的文案，来吸引用户的注意力。

7.2.2　从朋友圈借鉴

朋友圈文案上限很高，但下限也很低，其中不乏能够惊艳众人的创作，你可以找出最火爆的朋友圈文案，借鉴它们的写法，创作自己的短视频文案。在文案界，甚至有人用朋友圈积累素材，打造自己的后备创意库。

你在创作短视频文案时，可以从朋友圈借鉴浓缩故事类的文案，例如：

> 一张美照惊艳世界！51岁当选全球最美，这个女人要成精？！
> 　　　　　　　　　　　　　　　　　　——CHILAN童颜精华面膜

这是某微信公众号为CHILAN童颜精华面膜所写的文案标题，这个标题讲述了一个完整的故事。先用"一张美照惊艳世界！"引起用户的好奇心，再用"全球最美"给用户造成了强烈的冲击，最后用"这个女人要成精？！"的惊讶反问将气氛带到高潮，可以说是一个非常"吸睛"的标题了。可以借鉴这个打造你的文案。

你在借鉴朋友圈文案时，要选择一些亮点突出的文案，将其修改，打造成为自己的、具有独特亮点的文案，吸引用户观看你的短视频。

7.2.3　从电影、电视剧里借鉴

热播的电影与电视剧总能引起用户的关注与评论，你在创作短视频文案时，可以将剧中比较火的段子、让人记忆深刻的剧情等内容，与自己的文案融合，从而打造引人注目的文案。

假设你的产品是化妆品，在《哪吒之魔童降世》热播期间，你就可以使用你的产品，拍摄哪吒的仿妆视频，并在视频中推出相应的化妆品，实现卖货的目的。短视频文案为可以这样写：

> 我是小妖怪，逍遥又自在，
> 15秒教你"哪吒速成法"。

直接使用电影中的台词，吸引用户前来观看短视频，加深用户对产品的印象。

每出现一部高票房的电影、高收视率的电视剧时，都会引起用户的关注与评论，你需要将这些电影、电视剧与自身的产品结合在一起，从而为自己的产品带来流量。

7.2.4 借鉴用户关注的名人

除了上述方法，你还可以从粉丝数量大的短视频账号，或者名人的短视频账号中借鉴文案。例如，某位富商是中国大部分人都耳熟能详的名人，你在创作文案时，可以借用他的经典语录来实现引流目的。

假设你产品是创业书籍类产品，你可以直接将这位富商的话作为文案的内容，可以这样写：

> ××说："要创业先忘掉你在学校里学的知识。"
> 因为学校里教的是知识，创业要的是智慧，你把学校里学的知识忘了，你才能发挥自己的智慧！

通过借鉴某位富商的经典语录，引起关注他的用户的注意，从而实现引流。

虽然借鉴法可以迅速实现引流，但是如果你一直无法创作出自己的文案，借鉴来的素材总会有一天会用完，到时候，你又该何去何从？还不是只能硬着头皮自己去摸索！因此，当你的粉丝基础较为稳定时，不妨减少使用借鉴法，去钻研写作方法，实现更加长远的发展，毕竟投机取巧不是长久之策。

【读者挑战】假设你的产品是法式连衣裙，你可以从上述借鉴途径中，找到哪些能够与你的产品相结合的文案？

7.3 模仿+四维还原法：瞬间找到"抖音感""快手感"

有许多人在最开始做抖音、快手短视频时，不知道怎样才能融入进来，抓住"抖音感""快手感"，创作出能够引起广大用户注意的文案。因此，在开始阶段，你可以试着用模仿的方式打造自己的文案，实现初步引流。

7.3.1 模仿法

模仿法主要包括随机模仿、系统模仿两种方式。前者就是什么文案火爆就模仿什么，后者是分析各大平台的后台数据，找到套路，再进行模仿。换言之，前者就是指模仿抖音、快手这类本身平台就很火爆的视频，而后者的模仿对象是全网。

模仿的主要方面是场景、人员、道具，让自己的文案与短视频可能起来与其他短视频相似，但在本质上又有所区别。

例如，某男星在卖透蜜海盐净螨皂时，就采用了系统模仿法。通过全网收集来的数据分析出大部分用户可能经历过的事情，并将其描述出来：

> 我真的只想买块除螨皂而已……

通过文案描述出，消费者在线下商店购买产品时，总是会被导购推荐其他各种各样的产品的场景。通过模仿这一生活细节，让用户深有同感，从而让用户产生这样的想法："去专卖店买，还要被导购'骚扰'，还不如直接点链接购买呢！"从而实现卖货目的。

你在创作短视频文案时，要记住"创新是从模仿开始的"，只要模仿得够到位，你便能顺利融入大环境，得到用户的关注。

7.3.2 四维还原法

当然，你在创作短视频文案时，如果只顾模仿，不注重创新，必然无法"更上一层楼"，无法获得更加长远的发展。模仿只是形似而神不似，只在表面，不在内里，无法做到举一反三。

当面对这样的问题时，你可以选择四维还原法，从模仿表面转变为模仿内

第7章 短视频文案：如何在15秒内用文案构成画面，让人"剁手"

在，为你的文案创作提供源源不断的灵感。

1. 内容还原

前段时间抖音网红杜子健老师的抖音视频较为火爆，其粉丝数量已经达到1446.9万（截止到2019年10月27日），他的动态有1526条，其中高赞的短视频有506.3万点赞量，其文案内容如下：

> 第一个让你的孩子抬不起头来的人是谁？
> 孩子要鼓励教育，要积极培养……
> 第一个让孩子抬不起头来的人一定是父母。

假设，你在抖音、快手上售卖孩子教育类的书籍，你就可以模仿这个文案。当你在模仿这个爆款文案时，可以从内容出发，将整个内容在你的文案中再描述一遍。你的文案可以这样创作：

> 文案标题：
> @杜子健老师，第一个让你的孩子抬不起头来的人是谁？
> 文案内容：
> 孩子要鼓励教育，要积极培养。
> 一定是赏识教育，赏识成长。
> 父母都不赏识他，每一天都侮辱他、羞辱他、比较他，
> 恨不得让自己的孩子每天都低头过日子。
> 第一个让孩子抬不起头来的人一定是父母。
> 阅读《×××》，学习赏识教育，做孩子的"贵人"！

这就是内容还原，通过还原爆款文案，在结尾处加上自己的产品信息，打造自己的卖货文案。在进行内容还原时，你需要抽丝剥茧，对爆款文案进行全面分析，从而判断自己的产品是否能够与该文案产生联系，该文案能否与自己的产品完美契合。

依旧以杜子健老师的爆款文案为例，在分析该文案时，你需要从以下几个方面出发：

杜子健老师的这个视频的观看用户群体是？

他在视频中说的是什么意思？主体是什么？这条视频在用户端产生了怎样的效果？

当你能够解决这些问题时，才能判断能否将这个爆款文案的内容还原到你的文案之中，进而预测文案的效果。

2. 用户反应还原

当你觉得爆款文案的内容与自身的产品不匹配时，可以采用用户反应还原的方法，让观看你的短视频文案的用户产生相似的反应，从而加深用户对产品的印象。查看原视频的评论，是还原用户反应的最佳方式。

以杜子健老师的爆款视频评论为例（见图7-1），当有人翻来该视频的评论时，会发现评论里清一色的都表示"赞同"。

阅读完评论后，你可能会发现大多数的评论者都是父母，他们纷纷表示自己在赏识教育这一层面做得不够，这个短视频给他们带来了反思。

你在创作文案时，也可以采用用户反应还原的方法。上述爆款视频的用户反应是反思，假设你的产品是孩子教育类书籍，你可以创作出这样的卖书文案：

图7-1 杜子健老师爆款视频评论

> 文案标题：
> @杜子健老师，第一个让你的孩子抬不起头来的人是谁？
> 文案内容：
> 第一个让孩子抬不起头来的人一定是父母。
> 你是否不赏识孩子，每一天都侮辱他、羞辱他？
> 你是否恨不得让自己的孩子每天都低头过日子？
> 如果你想改变，想让孩子拥有一个更好的明天，
> 记得在《XXX》中学习赏识教育的方法。

在文案中直接以问句的形式让用户进行反思，从而引导用户购买书籍，实现卖书的目的。

3. 身份还原

如果你发现用户反应还原的方式也不适合你的产品，你可以选择去分析爆款视频的公关方法，然后再利用这种公关方法创作文案。换言之，就是分析爆款视频的评论与点赞用户，找出他们的群体定位，并找出这类群体的关注点，以及他们关注这条视频的根本原因。

依旧以杜子健老师的爆款视频为例，我们翻看评论区，点进评论用户的主页，可以发现大多数评论者是30~50岁的人，他们的共同点就是对孩子教育的关注度高。因此，你在创作文案时，可以从这一关注点出发。

假设你的产品依旧是孩子教育类书籍《XXX》，则你的短视频文案可以这样撰写：

> 文案标题：
> @杜子健老师，第一个让你的孩子抬不起头来的人是谁？
> 文案内容：
> 第一个让孩子抬不起头来的人一定是父母，
> 是时候转变教育方式了！
> 在《×××》中学习赏识教育的方法，
> 让孩子抬起头来过日子！

直接从孩子的教育方式出发，引起这部分用户的关注，从而引导用户观看短视频，进而下单，实现变现。

4. 策划逻辑还原

策划逻辑还原是四维还原法的最后一个层次，其具体方法就是分析抖音、快手上的爆款视频，找出该视频的目标用户，并明确以下几个问题：

需要将什么内容、价值观传递给目标用户？
目标用户关注该视频的点是什么？
用书面表达的方式更能让他们接受吗？
他们有何种不自知的错误行为？
他们面临着怎样的难题？
应该提出怎样的建议才能帮助他们解决当前的难题？

这些便是爆款视频的策划逻辑，是你在创作文案前需要明确的问题，然后在此基础上创作文案。

四维还原法是更高级的模仿法,是对逻辑与内核的模仿。通过这样的模仿,你可以创作出10个,甚至是100个类似的爆款文案。

【读者挑战】最近在抖音上与歌曲《野狼Disco》有关的视频被推上了热点,假设你的产品是架子鼓等乐器,根据上述方法,你可以创作出怎样的抖音短视频文案?试着写一下吧。

7.4

Vlog法:激起抖音、快手用户的创作、互动、传播热情

作为电商,你在抖音、快手上投放短视频的目的是卖货,但这个前提是你的用户愿意去观看你的短视频,并且有传播的热情。要创作出能够引导用户传播的短视频文案,必须先了解用户传播规律,即了解用户主动传播短视频的目的是什么。

7.4.1 了解用户传播规律

了解用户传播规律的前提便是要解答下面这几个问题:

如何让用户看完整条短视频,提升完看率?

如何让用户点赞?

如何引导用户留言评论?

如何让用户关注你,成为你的粉丝?

要了解用户看完整条短视频的原因,必须了解其动机。例如,在抖音、快手的短视频文案中总会有这样语句出现,"最后一句更精彩""看到结尾我哭了""真是神转折""最后一个方法真是太绝了""以上6点你都中,证明你已经老了",等等,这些都是吸引用户关注、看完整条短视频视频的套路。

你在创作文案时,也可以从这一点出发,设置能够引导用户关注的关键点,让用户即使知道是套路,也心甘情愿去看完整条视频。设置关键点,实质上就是设置"钩子",与用户进行互动,引导用户继续观看。

例如,抖音、快手上有些表演魔术的短视频,你可能要多看几遍才能找出相关诀窍。这就是创作者设置的"钩子",让用户观看,并增强互动性。设置的

"钩子"也可以是"槽点",激起用户的吐槽欲望,进而点赞、评论。

设置"槽点"可以从以下几个方面进行:刺激情感宣泄、引导回答、建立社交关系。

刺激情感宣泄,主要是通过一定的刺激,引起用户的情绪变化。引导用户回答,就是向用户提出一个问题,并给出答案,让用户去思考,并得出自己的答案。例如,"你看见的这条裙子的颜色是褐色的,还是蓝色的?"通过直接提问,让用户去观看短视频,得出自己的答案。建立社交关系,就是让用户通过你的短视频促进社交关系的发展,让用户明确关注你有什么好处,不关注你又会导致何种损失。

抖音、快手等短视频平台上的套路满满,但如果想要长期发展,就必须做出自己的特色,做原创文案,只有这样才能提高用户留存率,提高流量变现的转化率。那么,你在创作短视频文案时,应该怎样做,才能实现高质量的原创呢?那就是贴近生活实际,让用户产生带入感,提升用户阅读文案与观看视频的体验。

7.4.2 贴近生活实际

1. 描述生活小故事

例如,抖音上某条短视频的文案:

> 家里有个贤惠的媳妇,都是手机培养出来的,唉!

这个文案主打的就是一个"反差萌"效果,贤惠、媳妇、手机几个关键词组合起来,让人忍不住想笑。这种视频虽然说的是我们身边的事情,但是转发量还是非常高的。

2. 表达生活观点

一些能够击中用户痛点的话语便是生活观点。例如,抖音上某条短视频的文案标题:

> 年轻人,你凭什么不加班?

看这个标题就知道这是一个直击痛点、引发争议的文案。它被"病毒式"的转发,是因为它直击了年轻人的内心:是做主动加班的"加班狗",还是不得不加班的"加班狗"?

此外，这个文案还可能激发用户产生以下五种反应：

晒观点：年轻人到底应不应该加班？

求同情：都这个点了，我还在加班！

晒态度：现在加班是为了以后的成功。

晒幽默：榨干了自己的最后一滴油，休息一晚，明天就会撕裂般成长了。

晒努力：在精力最旺盛的年纪，就应该多加班学东西。

总之，在写文案之前，一定要想清楚你的定位，分析用户的好恶，创造独一无二的内容。如果能带点情绪和争议，就更能得到用户的激烈参与，进而引起"疯狂"转发。

3. 提供社交货币

对于社交属性强的渠道，文案的内容需要更接地气，因为该渠道中的人的关系比较亲密，说事情没必要拐弯抹角。在内容上，要么是"魔性"内容，要么是有"有优惠"的内容。

"魔性"内容就不用说了，一般搞笑的、"鬼畜"的内容，用户会分享给朋友以求同乐。"有优惠"的内容是另外一个"强社交转发大户"，如"1元吃自助""38个赞得女神节小礼物"等，因为有些活动需要亲朋好友的帮忙，用户也会想着叫上亲朋好友一起去。

【读者挑战】假设你的产品是穿衣镜，你应该如何去创作贴近生活的文案？你可以选择哪些生活场景？试着创作一个没有"套路"但吸引力十足的文案吧！

第8章
微商朋友圈文案：五大技巧，教你写出刷屏级的微商文案

你是否在朋友圈发广告，被朋友拉黑？你是否在朋友圈卖货，却一个月只有一两单？为何其他做微商的朋友却做得风生水起？这些问题的源头，就在文案。本章内容围绕微商朋友圈文案的创作方法，教你创作转化率高的文案。

8.1 怎样写出一发就卖货的高转化率文案

归根到底，写文案的目的是卖货。一篇文案即便写得再好、再精妙，如果不能变现，那么，它也是不合格的文案。

那么，如何才能写出高转化率的卖货文案呢？

严格来说，在整个销售环节中，文案其实是处于最末端的，它所起到的作用是依据所制定的营销策略，去与消费者进行深度沟通，从而为营销提供竞争性利益，促使消费者产生购买行为。

这也就意味着，要想写出高转化率的文案，就必须将工作往上延伸，充分结合营销策略、销售策略、价格策略等营销要素，分析产品属性、定位目标人群、梳理产品卖点，提炼出更具吸引力的文字。当然，在这个过程中，给文字润色也是非常重要的一步。

下面，我就从这四个方面，手把手教大家写出"叫座又叫好"的文案。

8.1.1 分析产品属性，制定沟通策略

走心的文案虽好，但不一定能让消费者买单。

比如，对于一些奢侈品牌、时装品牌而言，它们本身所具备的个性就是让消费者产生购买行为的"卖点"；但对于诸如创可贴、电池、电磁炉等日常用品而言，情怀可能就失去"魔力"了，消费者买它们，一般就是出于自身生活的实际需求。

这也就意味着，当产品类型不同时，文案与消费者进行沟通的方式应该也不同。所以，写出高转化率文案的关键第一步就是要分析产品属性，制定沟通策略。

如何操作呢？或许，我们可以从美国学者罗斯特和珀希制定的"商品象限图"中得到一些启示。

根据消费者的不同消费动机，以及消费者在面对不同产品时的不同心理活动和在决策购买过程中的不同表现，罗斯特和珀希将商品归纳在图8-1中所示的四个象限中。

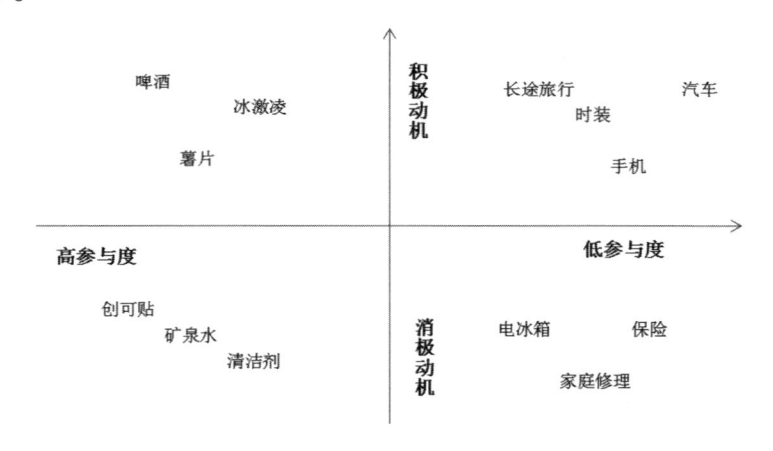

图8-1 商品的四大象限

通常，对于包含在积极动机象限内的产品，消费者在购买时感性的诉求会比较多一点；相反，对于包含在消极动机象限内的产品，消费者在购买时往往会进行更理性的分析，然后再决定购买与否。下面，我将根据图中各个象限内产品的不同特征，分别来分析一下它们各自应采用的文案沟通策略。

1. 第一象限：啤酒、冰激凌、薯片类产品

这类产品的主要特点是价格较低，消费者在购买过程中也不会花费过多的时间和精力去纠结和对比。并且，它们能带给消费者乐趣，所以消费者在购买时，动机是积极的。

在写此类产品的文案时，要特别注意把握产品的情感属性，通过增强消费者的情感体验去促使成交。比如，乐事薯片的文案——"乐事不同"，就是突出了产品的情感属性"乐"字。

2. 第二象限：汽车、长途旅行、时装、手机类产品

购买此类产品时，消费者投入的精力较多，在研究产品、总结产品信息上花费的时间也较多，并且，这种投入往往是带有积极动机的，在整个购物过程中，消费者也是愉快的。

对于这类产品而言，文案写作的重点应该是突出品牌个性，并将这种个性与消费者生活价值观结合起来，直击消费者痛点，让品牌个性成为其价值观的一部分。

> 天马行空，不如和我去仰望星空/我要开门见山/与己方便，也与人方便——宝马MINI。

不难看出，上述的文案都突出了宝马MINI的品牌个性，成功塑造了宝马MINI灵动、自我、直爽、爱好交友的形象。并且，它们都做到了将品牌的个性与消费者的自身情感相结合，消费者在看到这些文案后，在自我映射的过程中，自然而然就会产生一定的共鸣。

3. 第三象限：电冰箱、保险、家庭修理类产品

在购买此类产品时，消费者也会投入较多的精力，不过，和第二象限不同的是，消费者的参与动机往往是消极而理性的。

对于这类产品而言，其文案写作的要点应该是运用清晰的逻辑去突出品牌自身所具有的优势，增强产品的说服力。比如，某家保险公司的文案——"每一位保险单持有者请注意：你身后是61亿美元坚强的靠山"就是突出了自身实力雄厚的优势。

4. 第四象限：创可贴、矿泉水、清洁剂类产品

和第一象限一样，此象限内的产品因为价格低廉，消费者投入的精力也较

少。但与第一象限内的产品不同的是，因为缺乏乐趣，消费者在购买此类产品时的动机往往是消极的。

对于这类产品而言，我们在进行文案创作时应把重点放在引导消费者购买上。以可口可乐为例，它的"昵称瓶""社交瓶"等文案策略，就是将文案塑造的情感与顾客内心相结合，突出品牌的温馨形象，从而很好地引导了消费者进行购买。

8.1.2 提炼产品卖点，刺激消费者购买

文案的最终目的是卖货，而要达到这一目的，就需要我们在进行文案创作时，将产品的卖点提炼出来，并通过文案巧妙地传递给消费者。

那么，什么是产品卖点呢？

简单来说，所谓产品卖点，就是产品核心的竞争力，即让产品能够在同类中脱颖而出的那一点。通常，对于不同的对象来说，产品卖点的意义也不一样：对于消费者而言，它是痛点；对于团队而言，它是销售的发力点；对于产品而言，它则是保持竞争力的优点。

一般来说，在提炼产品卖点的过程中，必须把握以下两个基本原则。

1．"单一原则"

即产品的卖点不宜过多。

2．产品卖点清晰鲜明、有特点

产品的卖点必须容易记忆、简单易懂、表述清晰，让消费者过目不忘。唯有此，产品的卖点才能更好地被消费者接受和铭记。

需要注意的是，有时候，产品的卖点不止一个，那么在提炼时，就需要充分考虑消费者的兴趣，选择消费者最感兴趣的那一个，或者认知度最高的那一个作为卖点。

关于产品卖点的提炼，在这里给大家推荐一个简单有效的方法——64宫格法，步骤如下：

（1）画一个坐标轴，原点处写上某产品的卖点，如"江小白卖点"，然后，将目标消费者的关键词标在x轴的正向；将卖点关键词标在y轴正向；将行业内红人写在x轴负向；将痛点和共鸣点标在y轴负向。

（2）在各个象限内，结合之前所写的关键词，联想画面，将关键词填进去。

在提炼产品卖点的时候，还有一个有效的参考方法就是了解竞品文案，从中找出别人已用、你不能再用的卖点。

当产品卖点确定了之后，下一步就是要通过文字调动感官刺激，把消费者带入到设定的场景中去，将卖点呈现给消费者。

8.1.3　润色，提升文案可读性

前几个步骤完成后，一个高转化率的文案框架大致就搭建好了。此时，我们需要进行关键性的一步——给文案润色。在这个过程中，需要着重把握两点：一是文案形式，即采用单纯的文字叙述，还是采用图文结合的表现形式；二是文字调性，即用什么故事、案例来反映产品特点。

通常，根据文字调性的不同，我们又可以将文案分为力量型和诱惑型两类，前者的主要特点是能够唤起消费者的渴望，激发消费者的购买行为；后者的主要特点是能够激发消费者的好奇心，让消费者充分参与进来。

而在写作方式上，这两种文案也各有侧重点。一般来说，力量型文案多采用能让文案活起来的动词和短句；而诱惑型文案则主要是通过营造可视化场景来调动消费者的情绪，并利用产品来解决场景中出现的问题。

总之，无论文案属于什么类型，都需要反复修改推敲，要知道，一篇吸引眼球又能促进消费的好文案一定是要经过不断的精心打磨的。

【读者挑战】假设，你在朋友圈卖眼影，根据上述步骤，一步一步地将信息罗列出来，并创作出一篇朋友圈卖货文案。还可以将最后完成的文案发到朋友圈中，检验一下效果哟！

8.2　卖货先"卖人"

一提到微商，就会有人说："看到就烦，我早就将微商从我的朋友圈里清除了！"其实做微商本没有错，但是有些微商天天在朋友圈里刷屏，而且内容都很劣

质,让人厌烦。那么,微商在朋友圈里,发表怎样的广告文案才不会被拉黑呢?

8.2.1 塑造个人品牌,打造"朋友圈"人设

在朋友圈中狂轰滥炸的微商很容易被当作推销被拉黑,这是因为你的文案太过直白,没有一点温度,很难让人产生好感。在卖货的起步阶段,你应该将精力与重点都放在个人口碑的打造上,让消费者信任你。而不要只将眼光放在销售数据上,要以长远眼光去看待问题。以下是打造个人品牌的具体方法:

1. 多发布生活类的朋友圈文案

作为微商,不要只在朋友圈里发产品、发工作,还可以发布自己的真实生活,让消费者有一个了解你的途径,拉近你与消费者之间的距离。例如,某个专业做美甲、卖化妆品的微商,会将自己的产品与生活结合起来,在朋友圈中发送这样的文案:

> 今天天气正好,给自己放个假,做个美甲。小伙伴们,周末快乐啊!

在这条朋友圈文案后,还配上自己给自己做的美甲图片。这样的微商朋友圈文案,不仅不会被拉黑,还会增加粉丝量,提升转化率。

2. 利用游戏、提问,增加互动

在朋友圈中应该时常与消费者进行互动,增加情感联系,提升消费者对你的信任。主要方式是在文案中经常提问,引导消费者来回答。也可以发起一些小游戏,激发朋友圈社群的活性。例如:

> 今天收到了3个20公斤德国直邮的大箱子,小伙伴们想要的东西都到了。大家来猜猜有些什么吧!回答正确的小伙伴有机会获得159元的伊丽莎白雅顿面霜哟!

这些活动信息、游戏信息都可以作为朋友圈文案的内容,让消费者在与你的互动中,加深对你以及你的产品的印象。

3. 将幽默的段子融入文案之中

消费者查看朋友圈是为了了解朋友们的近况,希望放松一下自己。你在文案中融入幽默的段子、语言,让消费者在阅读时可以笑一笑,放松一下心情,在潜移默化中,吸引消费者的目光,加深消费者与你之间的联系。例如某面膜微商的

朋友圈文案：

> 今天不互动了，敷面膜去吧！

让人读完，不禁一笑。

4. 提供关怀与温度

天气转凉了，你可以在文案中提醒加衣；节日到来之际，你也可以通过文案向大家发布祝福，在文案后还可以附上一张产品图片，在关心消费者的同时，也提升了消费者对产品的印象，一箭双雕。

8.2.2 发起活动，创造成交机会

日常互动的最终目的还是卖货，达成成交。在你与消费者建立较为稳定的联系之后，可以运用以下方法，发起活动，打造朋友圈文案，创造成交机会。

1. 闪购提醒，欲擒故纵

你可以在朋友圈中发送"一小时限时打折活动""限量半价抢购活动"的通知文案，告知消费者有这样的一个活动。在活动结束后，还要发送结束活动的文案，并在文案中恭喜已经抢到产品的消费者，让他们觉得自己很幸运，提升消费者对下次活动的期待。如果活动时间很长，还可以每天发送活动信息，用图文的形式表现出来。

假设你的产品是口红，制定的活动规则是第二支半价，活动期限为7天，你可以这样创作朋友圈文案（见图8-2和图8-3）。

> 阳光真好，今天也要做美丽的自己呀！

01
第二支半价

活动时间：10.21—10.28

活动倒计时：6天23小时

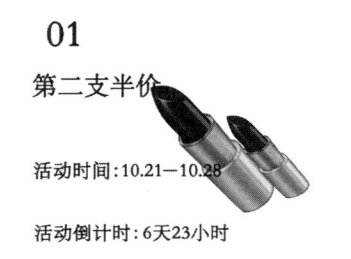

图8-2 口红的文案配图1

02
第二支半价

活动时间：10.21—10.28

活动倒计时：5天23小时

图8-3 口红的文案配图2

根据上述方式，每天发送一篇活动提醒的文案，吸引消费者的注意，提升成交率。

2. 点赞有奖

点赞有奖是朋友圈中最常见且效果明显的方式。你在文案中表明，点赞的第6名、16名、26名……可以免费获得你的产品，然后在后续的文案中将获奖的消费者名单展示出来，做到公开透明，不仅能够加深消费者对产品的印象，还能与消费者进一步互动，建立信任。

3. 设置比赛

假设你的产品是服饰，你可以通过文案发起搭配比赛，然后将各个参赛作品放在朋友圈中，让消费者进行评分，平均分数最高的前几名可以获得超值大奖。消费者在进行投票时，会观看你以前的朋友圈，这样不仅可以提升你的产品的知名度，还可以与消费者建立更加紧密的关系，提高成交的概率。

【读者挑战】与朋友圈里的消费者聊一聊，收集他们的意见，了解一下他们喜欢的文案内容与活动，然后再根据你自己的产品创作一篇文案。

8.3 卖点筛选三大步骤

如果你在微信朋友圈卖一款面膜，发现它既有美白、淡斑、提亮肤色的功效，也有保湿、养颜、抗老化等功效，这些都是卖点，但在创作朋友圈文案时，要把这些卖点都说出来吗？

当然不是，如果你将所有的卖点罗列出来，会让消费者对卖点产生疲惫感，并无法对卖点形成一个深刻的印象，最终使文案无效。你可能会产生疑问，卖点那么多，到底说哪个呢？你可以根据以下三大步骤，筛选出最终的卖点。

8.3.1 卖点筛选的三大步骤

1. 将所有的卖点列出

将所有的卖点列出，可以让你全面了解产品自身存在的优势，从而帮助你在创作朋友圈文案时，有一个大致的方向与着重点。

当你在罗列卖点时，可以采用"头脑风暴"的方式，让产品研发、生产、营销的各个环节的人员参与进来，每人说一个或者几个。在这个过程中，可以记录产品解决的问题，同时记录相应卖点，制成卖点总纲，可以用表格的形式罗列出来（见表8-1）。

表8-1 卖点总纲

产品解决的问题	卖点	是否需要重点突出
消费者为什么会买	卖点1……	
消费者买了会有什么好处	卖点1……	
产品对消费者的生活有哪些改变	卖点1……	
其他问题		

这样分门别类地将卖点罗列出来，可以帮助你厘清思路，对你的朋友圈文案创作的逻辑有一定帮助。

2. 按照消费者关注度排序

了解消费者关注度的前提便是找准目标群体，这样才能将卖点进行有效的排序。找准目标群体需要弄清以下几个问题：

谁需要我的产品？

谁会点进我的朋友圈？

谁会购买我的产品？

通过回答上述问题，明确目标群体。随后再了解"他们为什么会购买我的产品？"将结果写在纸上，并与前面罗列出的卖点进行对比，将不重要的卖点删除。

随后，可以通过问卷调查、后台数据分析等方式，得出产品的哪个卖点对目标群体的吸引力较大，并将其排序。

3. 考虑在竞品中的优势

如今，产品同质化严重，一种产品，价格高低不等，质量良莠不齐，消费者也很难鉴定，因此你的产品必须有超越其他竞品的优势，否则很容易被淹没。

对于消费者而言，他们会将你的产品与你的竞品做一个较为全面的对比，从性能、外观到功效等，相同之处、不同之处都是其关注的重点。因此你在与竞品进行比较时，不仅要在相同点上找出超越其他竞品的卖点，还要将不同点作为重点宣传的卖点。例如，智能音箱与普通音箱相比，最大的卖点就在于

"人工智能"。

在第二步的基础上，分析在竞品中的优势，筛选出最重要的卖点。通过上述三个步骤，将卖点一步步筛选出来，作为朋友圈文案的重点宣传对象。

8.3.2 筛选实战：小米11青春版手机的朋友圈文案创作

按照上述三个步骤，第一步就是将卖点罗列出来，小米11青春版手机的卖点有：

（1）1999元起步价，价格实在；

（2）采用骁龙780G处理器；

（3）专业电影相机，定制美颜自拍；

（4）轻、薄、多彩，带来舒适握持感受；

（5）八款自然美颜肤色，基于你的容颜专属定制；

（6）动人音效，给耳朵天籁感受；

（7）超大电池，够你任性使用一天；

将上述卖点做一下分类，（1）是有关价格方面的描述；（2）是有关技术层面的描述；（3）、（7）是有关性能层面的描述；（4）、（5）、（6）是使用感方面的描述。将其进行整理，可归纳为：

小米手机最大目标群体还是"米粉"，接下来要筛选出最吸引"米粉"的卖点。消费者买手机一般都是追求性能、外形、功能等层面，这对于"米粉"同样适用。在外形上，采用多彩设计，看起来很酷；处理器高端，运行流畅；使用新技术，优化了手机功能。这三个层面的卖点是最能吸引消费者的卖点。其排序是功能>外形=运行。

最终，可以筛选出的卖点就是新技术的使用优化了手机功能。

当然，上述案例只是一个简易、粗略地筛选卖点的过程，如果你想要找出更加精细、具体、有效的卖点，就要将上述几个步骤细化。总而言之，就是卖点要齐、排序要准确、选择对比的竞品要多。

【读者挑战】如果让你为一款老年人使用的保温杯创作一篇文案，发布在朋友圈中，你将会罗列出哪些卖点，最终又会选择哪个或者哪几个卖点？

8.4 深谙心理学的微商朋友圈文案写作模板

你可能会感到诧异，为什么微商们可以迅速写出朋友圈文案呢？其实他们都是有写作模板的，可以快速地写出大量有效的朋友圈文案。接下来，我将分享微商朋友圈文案的九个模板，供大家参考借鉴。

8.4.1 诚意推荐模板

这类模板主要包括三个步骤：熟人推荐，强调价值，最后引导消费者购买。写作模板如下：

【诚意推荐】我的好朋友、亲人、同事某某（用熟人降低消费者的戒备心）；

他是领域/企业的大咖，做出了十分厉害的东西（强调价值性）；

有相关需求的朋友们可以直接私聊我，或者扫描下方二维码进行购买哟（引导下单）。

例如，某微商的护肤品文案（见图8-4）。

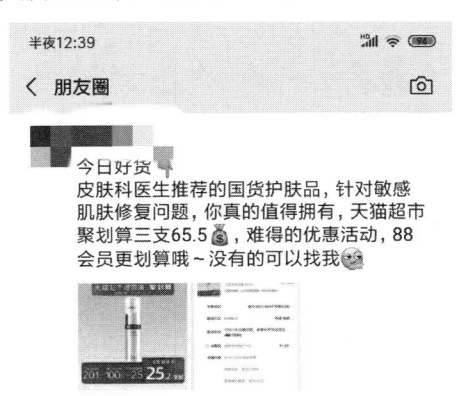

图8-4 诚意推荐模板案例

8.4.2 明星效应模板

明星效应模板就是利用当红明星的人气来吸引消费者购买产品，这类朋友圈文案的步骤为：明星推荐、代言——产品性能——暗示下单。其具体的写作模板如下：

人气爱豆××推荐的×产品有货啦。（明星推荐、代言）；

这款产品价格实惠、质量好（凸显产品性能）；

为了××，快去购买吧！（暗示下单）

例如，某品牌的口红在朋友圈的文案如下：

> ××（某明星姓名）亲选，暖调枫叶红，
> 哑而不干，复古显白，
> 享定制刻字服务。
> 爱豆好不容易做个代言，快去支持他吧！

8.4.3　从众心理话术模板

该模板就是利用消费者的从众心理，来引导消费者购物的微商朋友圈的文案。其创作步骤为：凸显产品的热卖——描述产品高价值——引导下单。其具体的写作模板如下：

已经有×××人购买了该产品，才上架的产品不到一天就已售罄（凸显产品的热卖）；

这款产品是×××级的产品，是我使用过的最好用的产品（描述产品高价值）；

明天新货立马到，要下单的朋友要抓紧，机不可失啊！（引导下单）

例如，某零食厂家招代理的文案（见图8-5）。

8.4.4　事实证明模板

事实证明模板主要包括三个步骤：真实事件——效果证明——正当消费理由。其写作的具体模板为：

我认识或者见过的××，有××问题无法解决（真实事件）；

在使用我的产品后，感觉特别好，问题也迎刃而解（效果证明）；

如果你也有这样的问题，就快来购买吧，早买早享受。（正当消费理由）

例如，某零食商的朋友圈文案（见图8-6）。

第8章　微商朋友圈文案：五大技巧，教你写出刷屏级的微商文案

图8-5　从众心理话术模板案例　　图8-6　事实证明模板案例

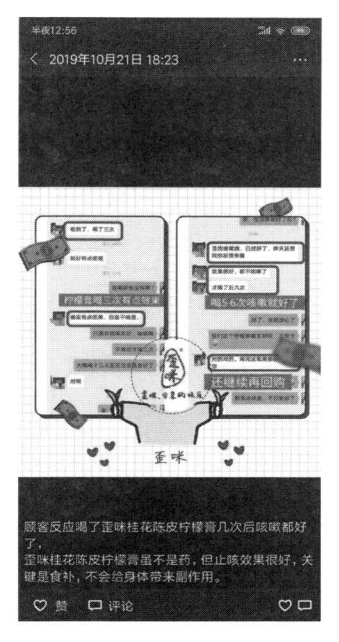

8.4.5　对比反差模板

该模板就是通过过去与现在、过去与未来等的对比，激发消费者购买欲望。其具体的写作模板为：

过去……，现在……，这是因为我使用了××产品，做出了什么样的努力。（通过对比，构建生活故事）

如果你也想和我一样，就来购买××吧！（引导下单）

8.5
"确认过眼神，是买货的人"——微商文案合集

这几年，微商的朋友圈文案质量已经得到了大幅提升，"喜提玛莎拉蒂""三个月赚200万"等夸大其词的文案已经逐渐消失在朋友圈之中。接下来，就让我们一起来欣赏一下，那些"确认过眼神，是买货的人"的经典微商文案合集吧！

（1）第一种是阐述鄙视链，凸显对比，展示产品的文案。例如某护肤保湿品代购的文案：

> 嫌La prairie贵的，用Lamer；嫌Lamer贵的，用SK-II；
> 嫌SK-II贵的，用CPB水磨精华；嫌CPB贵的，用黛珂紫苏水；
> 嫌紫苏水贵的，用城野医生；嫌城野医生贵的，用薏仁水；
> 嫌薏仁水贵的，用自来水；
> 嫌自来水贵的，下雨对着天空大喊：天生丽质难自弃，回眸一笑百媚生；
> 你要的我都有！

（2）第二种是阐述产品功效的文案。例如，某口红代购创作的文案：

> 这支超火的"斩男"色，不火真的没道理，涂上嘴就是水嘟嘟的果冻唇，而且颜色真的是万人"斩"。

（3）凸显高级感的写作方式，能够提升你的产品的档次，这类文案一般读起来十分优美。例如，某速冻牛排销售商，在朋友圈发布的文案：

> 孤独的美食家，七分熟的牛排，
> 每一份佳肴，不只是厨师精湛的技艺，
> 还源于优质的食材。

（4）用幽默段子式的描述方式，突出产品的某个特点。例如，某房地产销售的朋友圈文案：

> 今天遇见奇葩客户，带着风水师来看房，
> 风水师把罗盘拿出来，说风水一般般，
> 客户走之后，风水师下了定金。

（5）蹭热点的文案，可以在第一时间引起消费者的兴趣，这些热点不仅可以包括时事热点，还可以包括娱乐综艺、热播电视电影、天气等。例如，某段时间天气热成为大家热议的话题，某跑业务的摄影师的朋友圈推广文案如下：

第8章　微商朋友圈文案：五大技巧，教你写出刷屏级的微商文案

> 别问我"在不在？"
> 年纪轻轻，怎会不在！
> 不管30℃，还是40℃，
> 只要你说一句：在吗？我要拍照
> 哧溜一下，我就出现了。

（6）可以引起消费者共鸣，让消费者从你的文案中窥见自己的生活，从而激发购买欲。例如，在朋友圈售卖洗碗机的文案：

> 大多数夫妻，为了"谁洗碗"吵个不停，
> 却不知道，人类已经不需要洗碗了。

（7）呼吁类的朋友圈文案，主要方式就是呼吁消费者购买产品，对自己好一点。例如，某卖圣罗兰口红的朋友圈文案：

> 我们宠爱自己，不需要理由！
> 去年错过了星空限量版，今年别再错过七夕情人节礼盒！
> 爱她，就给她最好的；爱自己，就给自己最棒的！
> 你值得更好！

（8）打造故事感的文案也是朋友圈文案中最常见的形式，用故事拉近与消费者的距离，让消费者感同身受，从而购买产品。例如：

> 谁的青春没有周杰伦？
> 谁的童年没有辣条？
> "天青色等烟雨，而我在等你"是脑海里挥之不去的童年记忆。
> 歪咪大辣片，是停不下来的童年美味。

朋友圈文案的目的在于卖货，你的目标消费者基本上都是熟人，如果你空有文案，没有优质产品，必然会陷入信任危机，那就是金玉在外，败絮其中。因此，文案与产品两手抓，才能真正实现朋友圈变现。

【读者挑战】在你的朋友圈中，有哪些微商的文案写得十分精彩？可以将他们的文案保存下来，作为自己的文案积累素材，也可以联系我，分享给大家，供其他文案创作者参考。

第9章

电商文案：要想产品大卖，你的电商文案应该这么写

与短视频文案不分伯仲的便是电商文案，虽然两者本质相同，万变不离其宗，但具体的文案创作方法仍存在差异。接下来，我们将具体分析电商文案的创作方法，实现产品的大卖。

9.1 解析电商文案撰写全过程

如今，某些电商平台的流量红利期已经结束，在产品同质化严重的背景下，各个电商应该如何才能引流，让自己的产品成功"上位"？在未来，电商文案将是电商引流的利器。

你可能会发现有时推广费花了上万，成交订单数却是推广费的零头。正如网上的一个段子所说："一顿操作猛如虎，结果只有二百五"。出现这样的问题，源头便在电商文案中。

在本节，我将向大家分享电商文案撰写的全过程，包括竞品分析、消费者需求分析、卖点提炼、详情页文案、车图文案这五个环节。

9.1.1　竞品分析，提升文案卖货率

1. 关注竞争对手的重要性

在很多人看来，与其关注竞争对手不如关注你的目标消费者，这一说法放在电商平台上不一定成立。

网上的卖家千千万万，但消费者最终只会选择一个店铺购买产品，如果消费者没有选择你，那么一定选择了你的竞争对手。

创造新的产品不是消费者的职责所在，消费者的职责只是购买自己所需的产品。当某一天你发现自己的产品不再受欢迎，并且销售量急速下滑时，就表明你的产品已经濒临淘汰的边缘，同时也意味着你的竞争对手已经超越了你。所以，关注竞争对手对于电商而言是非常重要的。

2. 怎样选择竞争对手

当你在淘宝上搜索一款产品时，可以发现相关产品数不胜数。

当你面对如此繁多的产品与店铺时，若想把这些竞争对手都拿来研究，既浪费时间又浪费精力，所以在研究竞争对手时，我们要懂得筛选，筛选不仅能帮助我们节省时间，还能让我们尽快获取有效数据。

（1）使用生意参谋进行竞品识别。

生意参谋是电商常用的一款数据工具。当你购买了生意参谋并经营了店铺一段时间以后，它会自动给你匹配出竞品，并帮你分析竞品性质、消费人群、竞品的流量等。

从生意参谋提供给你的信息中，你可以发现在同等价格、同款产品的条件下，为什么消费者还是选择了你的竞争对手。

（2）用价格区间、款式、销量进行人工筛选。

对于电商而言，生意参谋不仅能帮助你看到自己的产品销量，还能帮你分析竞争对手的产品情况，如果你没有购买生意参谋，你也可以用下面的方式进行研究。

假设你的产品是便当饭盒，定价为30元，你可以在电脑上打开淘宝网，在搜索栏中输入"便当饭盒"，然后在筛选栏中输入你想要的价格，如20~50元。

当我们筛选竞品的时候，也可以将价格的浮动调整得大一些，如果浮动太小，那么得出的数据就会有局限性。因为不仅仅价格对产品有影响，其他条件也

能对产品造成一定的影响。

在完成上面的筛选行为后，我们就能看到价格位于这个区间的各种款式的便当饭盒了，接下来筛选相同款式的产品，就能精准地找到竞品。

由于我们出售的是双层便当饭盒，所以在筛选款式时就应该选择同类型的，其他单层的饭盒就不适合作为参考依据了。不仅如此，还要选择有一定销量的产品，对于同类型的产品研究，筛选的竞品销量要维持在800以上，如果低于这个额度，也就体现不出研究的意义。

3. 竞品分析的内容

在筛选出竞品之后，就要开始分析竞品了。那么，应该从哪几个层面进行分析呢？

（1）全面了解自己的产品和竞品。

当你的产品呈现出较多的特点时，你不仅要全面了解自己的产品，还要全面地了解竞品的特点，从各方面进行比较，有利于发现自己产品的优势。

（2）分析竞品的主图和车图。

无论是哪种产品，在销售的过程中，展现给消费者的不能只有大概情况，细节方面也需要展现。这样不仅方便消费者更好地了解你的产品，还能凸显出产品的特点。电商中出售的产品也是如此，通常挂在滚动展示窗的图片称为主图，主图一般为五张，第一张是重点，能否吸引消费者的眼球就在于第一张图是否得体。

如何将主图打造的更吸引人呢？我们可以从这样几个方面进行：

一是看图中的产品展示，如产品的拍摄角度、产品的后期修饰，以及场景图，这些都会给产品带来很大的影响。

二是看图中的文案，即看大小标题是否恰当，文字是否得体。

三是看图片的颜色搭配，也就是图片的背景色、装饰物的颜色及文字颜色。三者的颜色如果协调，就会给消费者带来视觉上的冲击，从而促使消费者继续看下去。

（3）分析竞品的详情页。

当你在对比竞品时，详情页是最需要关注的内容，因为我们可以从详情页中获取想要的产品信息，比如竞品突出的卖点有哪些？这些卖点的顺序又是怎样的？竞争对手又是怎样将卖点表达出来的等。

9.1.2 消费者需求分析，了解消费者真正的需求

1. 分析评价

当你筛选出竞品后，不仅要从竞品的性质及价格来衡量，还要从评价中获取信息，无论好评还是差评都能反映出消费者对该产品的态度及需求。我们在第一部分筛选出了竞品，但是竞品的评价是消费者需求的表现，所以我们放在了这一部分。

在对产品的评价做出分析时，如果你只是按照默认排序，那么你所得到的结果可能会有水分，因为权重高的评价通常会被推到前面，你无法辨别它的真假，所以得到的往往是模棱两可的结果。

如果你想确保数据的真实性，那么你可按照时间排序来查看评价。通过最近的时间看到的评论就越接近真实。当然，当你查看这些评价时，还要注意评价的长短，有些评价虽然长篇大论却华而不实，有些评价虽然只有几个字却能反映出消费者的真实感受。字数少的比较真实，一大段的夸奖，很有可能是假的。

要自己排除里面的水分，不然会影响你分析调研的结果。

2. 通过"问大家"模块进行分析

除了通过评价来分析消费者的需求，还可以通过"问大家"的模块进行分析。对于每款产品，系统都会将消费者所关心的问题摆在页面中，并将出现最多的字眼提取并贴上"关键词"标签。这样做的好处一方面能够反映出数据的真实性，另一方面也能让消费者快速地找到需求点。

重点关注这里的标签，被提到最多的关键词会排在最前面，也是消费者最关心的问题。

3. 分析搜索词

在分析消费者的需求时，我们还可以搜索关键词。

不同的产品对应着不同的关键词，在每个关键词的背后也对应着消费者不同的需求，如图9-1所示。

从图9-1中我们可以发现，无论是哪一种产品都能折射出不同的关键词，这些关键词并不是凭空捏造的，而是从消费者关注最多的问题中提取而来的。比如"不易脱色""滋养""自然"等都能看出消费者对产品的不同态度及需求。

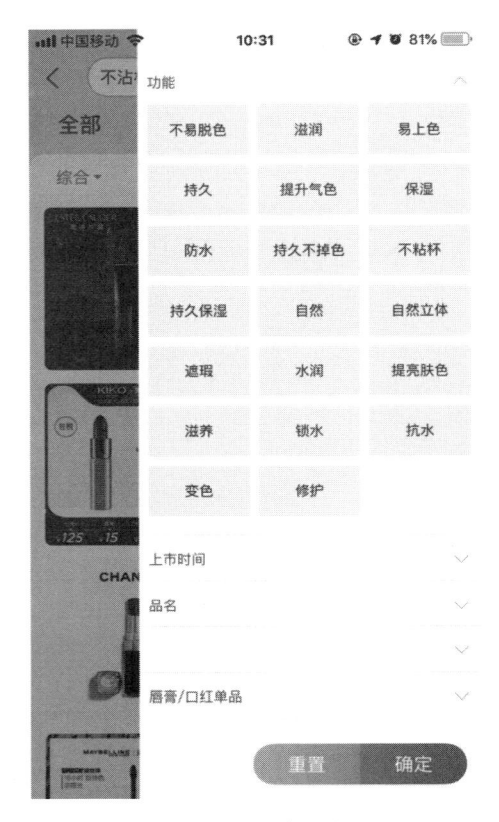

图9-1 口红的关键词

9.1.3 寻找消费者的买点，提炼卖点

通过对竞品的分析与对消费者评价的调研，我们不仅能获取产品的卖点还能获取消费者的买点，无论是卖点还是买点都是我们的需求点。

我们在提取卖点以后，还要将卖点进行排序，将重要的卖点放在第一位。当面对众多卖点时，如何提炼出最具说服力的卖点有时候也是一件头疼的事，在这里，你可以将这些卖点进行汇总，然后做成分析图，进而获取最重要的卖点。依旧以上述的口红为例，将消费者关注点的比例用图9-2表现出来。

图9-2 消费者对口红的关注点比例

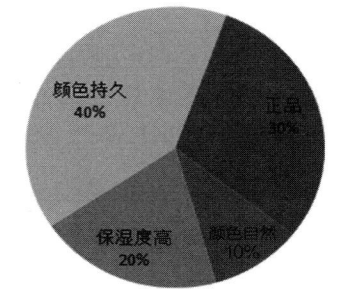

通过图9-2中的数据，我们可以在众多卖点中轻松获取最重要的那个，即"颜色持久"，然后按照从大到小的顺序将这些卖点进行罗列。

9.1.4 创作文案，吸引消费者

1. 构建详情页框架，确保文案逻辑正确

我们在建造一栋房子时，首先要做的就是搭建一个架构，然后根据架构进行施工，最后才能得到我们想要的样子。

当我们在撰写文案时，也需要这样的一个框架，通过这个框架来确定每一个环节需要做些什么，我们不仅要布置好这个框架，还要兼顾好过程中的逻辑顺序，按照框架的步骤进行，才能达到我们的预期值。

仍以上述案例中的口红为例，其文案创作前的逻辑框架，如图9-3所示。

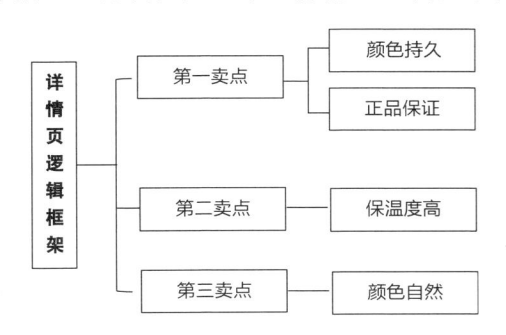

图9-3 某款口红的文案创作逻辑框架

从图9-3中可以看到，无论你为哪款产品创作文案，一定要制定一个框架图，将产品的卖点有序地进行罗列，这不仅会让你的思路更加清晰，也能让消费者对文案一目了然。

2. 精彩的文案表达

有时候尽管产品不那么出色，但是文案写得好，同样会引起消费者的购买欲望。这就要考验你的表达技巧了。想让文案表达得更吸引人，通常可以从以下方面入手：重塑认知、做实验、比喻、恐惧诉求等，这些方面只是各种表达方式的一部分，无论我们使用哪种方式，都可以将它们进行扩展。

3. 避免出现违禁词

创造文案时不可以使用违禁词，违禁词一般分为两种：通用违禁词和类目违

禁词。当你不确定某个词是否属于违禁词时，可以借助网络平台进行检索。

9.1.5 车图

在电商平台中，除了主图，还有一个很重要的车图，车图具有很强的创意性，所以你在制作时，可以从产品、消费者及竞品三个角度出发。

当然角度不同，你制作出来的车图效果也不一样，你认为的亮点不一定就能成为消费者眼中的亮点，或许你认为不起眼的信息在消费者眼里却十分珍贵。当我们无法预知点击率时，我们能做的只有多次投放，通过投放产生的结果得到我们想要的信息。

无论最终的结果是好还是坏，产生的数据永远都是最具说服力的答案。你可以从以下三个层面去创作车图：

1. 从产品出发

如果你的产品具备很明显的优势，那么你不需要拐弯抹角，而是要用直接的方式将它表达出来。比如，在与竞品对比时，同样的价格，你的饭盒是双层的，你的竞品是单层的，那么在同等的价格中，这就是你的优势，可以让消费者一目了然。

2. 从消费者出发

如果你的产品没有明显的优势，也不影响你的发挥。在创作时，你可以利用消费者所熟悉的东西来代替，用熟悉的事物刺痛消费者的买点，进而提高车图的点击率。

例如："比香水还好闻的护手霜""让你的肌肤像剥了壳的鸡蛋"等。正是基于消费者对香水、鸡蛋的认知，所以我们在文案中使用这些词语不仅能让消费者看到产品的卖点，同时还能击中他们的买点。

3. 从竞品出发

虽然电商平台具有一定的局限性与封闭性，文案的创作方式却可以是多样的，如果在同等的价格及同等的功效下，消费者还是没有购买你的产品，那么这时，我们便可以从竞品入手去创作一篇文案。

例如，你的产品是一款粉底液，各个商家都在宣传遮瑕效果，那么你就可以从"持久性""不脱妆"等方面入手。总而言之，就是要让消费者觉得在同等的

第9章　电商文案：要想产品大卖，你的电商文案应该这么写

条件下，你的产品就是比他们的好。

以上都是电商文案创作的知识点，其实无论从哪一点出发，你都可以进行延伸，进而创作一篇好的文案。

【读者挑战】假设你的产品是景德镇的花瓶，通过上述方法，找出你的竞品，并思考你可以从哪些方面去描述你的竞品？在将自己的产品与竞品进行比较后，创作一篇文案。

9.2 写出引爆销售额的电商文案，不能错过这六招

我们经常可以看见点击量上万、上百万人次的电商文案，能将一款产品打造成为爆品，那么这些电商的文案是怎样写出来的呢？接下来，我们将一起去揭秘引爆销售额的电商文案的创作之法。

9.2.1　定位目标人群，了解购买需求

在进行文案创作时，还必须弄清楚这些问题：文案的目标人群是谁？在哪儿？特征是什么？通过阅读文案，消费者能获得什么？

而想要回答上述问题，我们就需要将自己代入到消费者的生活场景中去，并对消费者及其生活场景进行深入分析，以一个文案受众的身份来进行创作。

可以肯定的是，定位目标人群并深入了解目标人群，有时候比了解产品更重要。这是因为，了解了目标消费者后，就会想其所想，就能更精准地找到消费者的购买需求。而这样创作出来的文案，往往具有更强的说服力和引导力。

当然，在这个过程中，如果你能够尝试用消费者喜欢的语言和形式去描述产品的卖点和品牌的个性，那么，你写出的文案就能够更好地刺激消费者的购买欲望。

对目标人群进行定位后，接下来要做的就是要充分了解并挖掘他们的购买需求。通常，消费者的购买需求主要有以下几点：低价格、新宣传、低风险、高便捷、强针对。

了解了消费者的购买需求之后，一般来说，就奠定了文案的写作基础。不

过，这是否就意味着文案可以成功将消费者吸引过来呢？答案显然是否定的。接下来，我们还需要对产品的"卖点"进行梳理，进一步刺激消费者。

9.2.2 选择话题，抛砖引玉

电商文案的标题写法与普通文案的标题写法相似，已经在第2章详细说明，因此便不在此处加以赘述。让我们直接从话题引入出发吧。

运用一个具体的话题，将消费者引入到电商文案创建的场景之中，可以增强消费者的代入感，让消费者更加了解产品信息，有利于激发消费者购买欲。选择话题，达到抛砖引玉之效的具体方法有：

1. 选择能够拉近与消费者距离的话题

引爆销售额的电商文案会让消费者感到文案构建的背景与自己的生活十分贴近，让人读来十分舒适。你想要写出这样的文案，就必须减少卖货的功利性。你可能会有疑问：我写文案的目的就是卖货，没有功利性，我的文案还有什么意义？

减少功利性，并不是没有功利性，而是需要用一个话题将卖货这一目的表现出来。让消费者在阅读文案时，感觉像在与你对话，你说到兴头上，将一款你自己觉得很好的产品推荐给了消费者。

例如，《小王子》绘本预售时，某线上书店为了实现卖货目的，创作的文案部分内容如下：

> 前两天，与家里的小朋友一起去看了《小王子》的电影，在电影结束后，他一直问我："我可不可以和小王子成为朋友？"
>
> 于是，我送给了她一本《小王子》的绘本，让她与小王子每天相见。

这篇电商文案便是用电影的话题引入，引出绘本，其中没有告知消费者一定要去买，而是通过分享的形式，让消费者知道《小王子》有绘本了，从而吸引有需求的消费者前来购买。这就是降低功利性，拉近与消费者距离的方法。

2. 巧用对比，凸显产品信息

一些电商在文案中介绍消费者不熟悉的产品时，会与消费者熟悉的产品做对比，来帮助消费者加深理解。

例如，斑马精酿的文案便是在开头用普通啤酒与精酿啤酒做对比，让消费者了解到精酿啤酒在制造工艺、原材料的选用等方面的优势。

又如，淘宝某服装店的文案：

> ×××5000元的外套，我找到了500元的平价替代。

这篇文案就是通过价格对比，向消费者传递出"我的产品质量好，但价格低"的信息，能够激发消费者的购买欲。

3. 回顾之前的文案内容

如果两篇电商文案之间有关联，则在创作第二篇文案时，可以回顾第一篇文案的内容，帮助消费者进入新情景。

4. 表现热度

这个文案创作方法是为产品吸引新的消费者而准备的，目的是让消费者有这样的感慨：原来这款产品这么火爆！我竟然没有用过，可以买来试一试。表现热度不仅可以提升文案的完读率，还能刺激消费者的购买欲。

例如，某美妆博主为完美日记唇釉创作的一篇文案：

> 不用说，你也知道完美日记有多火，全群网都能看见它的"声音"。小红书上有关完美日记的内容阅读量基本上都是10万+。目前，完美日记已经成功上位，进入彩妆品牌销量top榜前10……

通过介绍产品的火爆程度，来向不了解情况的消费者展示热度，让消费者心生购买欲望。

9.2.3 介绍卖点，加深印象

介绍卖点是为了让消费者加深对产品的了解，更好地击中消费者的痛点。最常见的介绍卖点的方式包括产品特点介绍与产品规格介绍。在介绍的过程中，要注意以下细节：

1. 一个卖点，多个层面

消费者的薪资水平、职业、消费方式等的不同，让消费者对产品的卖点有不同的解读，当你介绍的卖点与其认知不符时，消费者将不会购买产品。例如，某线上销售培训班的卖货文案：

> 你的对手正在偷偷学习。
> 每一天30分钟，精读一本书，
> 花一年的时间让自己成为牛人，
> 别让未来的自己讨厌现在的自己。

第一句是从他人的角度来看，后三句是从自己的角度看，其中"30分钟读一本书"是预期效果，"成为牛人"是希望，"别让未来的自己讨厌现在的自己"是未来对现在的看法。这样，通过多个角度，多个层面，将同一个卖点"获得知识"充分地介绍了出来。

根据上述案例，我们得知在创作电商文案时，可以在以下四个层面来描述：

（1）现在与理想的差异。

从这个角度，让消费者认识到自身存在的不足，从而购买产品，来弥补不足之处。

（2）现在与预期的差距。

让消费者看见自己的行为与想法之间的差距，让消费者可以通过购买产品，达到自己的预期效果。

（3）现在与过去的差距。

激发消费者的反抗心理，让消费者购买产品，来避免这种差距的产生。

（4）自己与他人的差距。

让消费者明白自己与他人的差距，通过购买产品，不被他人比下去。

2. 将卖点与图片搭配

有时，你在创作电商文案时，可能由于篇幅的限制，无法向消费者详细清晰地介绍卖点，此时，你可以用"图+文"的形式来说明。例如，某减肥茶的卖点介绍如图9-4所示。

在文字中加上这样一幅图片是不是就显得十分清晰明了？直接用图片对比，让消费者更加明白地了解到减肥茶的减肥功效，从而激发消费者的购买欲。

图9-4 减肥茶的卖点介绍

9.2.4 展示信息，提升可信度

提升文案与产品的可信度，才能让消费者安心下单，具体有以下两个方式：

1. 展示其他消费者的评价

展示其他消费者的评价，要先对这些评价进行统计、分类概括，并挑选出其中接地气、有人情味儿的评价，让文案更贴近消费者的日常生活，提升消费者对文案与产品的信任感。

2. 展示背景信息

你在创作电商文案时，可以介绍产品的生产、销售背景，并将其中能够证明产品质量的信息一笔带过，不做过多描述，但又让消费者明白你的产品质量好。

例如，我的一个代购朋友潇潇，从事海外代购多年，有粉丝基础。最近，经粉丝请求，代购美国进口的×××眼影，其创作的卖货文案部分如下：

> 上周我去了香港，与其他知名的代购交流，他们也认为×××眼影十分好用，粉质细腻，完全不像开架眼影。他们家的粉丝也十分喜欢，且销量大……

在这个文案中，介绍了产品的优势、其他代购粉丝的购买情况，来向消费者表明产品的优质，提升消费者的认可感，让消费者"种草"，产生购买欲望。

9.2.5 唤醒需求，刺激消费

消费者的购买行为都是为了满足自己的某些需求，因此你在文案中要唤醒消费者的需求，才能促成交易的达成。具体方法如下：

1. 描述痛点

描述痛点的前提是必须明确地了解目标群体的定位，有清晰的消费者画像，这样才能针对消费者真正的痛点，售卖产品。例如，某个宝宝涂鸦本的文案如下：

> 涂涂画画是培养宝宝画面感、专注力的重要方式，这款涂鸦本中有各种萌萌的动物，漂亮的花朵，宝宝会更加喜欢。当宝宝无聊时，拿出涂鸦本，宝宝瞬间变得专注的样子实在是太可爱啦！

许多妈妈都希望培养孩子的专注力，但宝宝总是容易分神，这让妈妈们很困扰。上述文案便是戳中了妈妈们的这一痛点，激发了妈妈们的购买欲。

2. 描述使用场景

在文案中将产品的使用场景描述出来，让消费者了解产品的作用，以及有效性，从而激发购买欲。

例如，某款拼图玩具的微商文案如下：

> 温暖的冬日，阳光从阳台"飘洒"进来，和妈妈一起拼完一整幅拼图好吗？

此文案通过描述出冬日孩子与妈妈一起拼图的场景，激发妈妈们对该场景的想象，从而唤醒妈妈们对拼图的需求。

3. 讲述故事

在文案中讲述一个让人记忆深刻的故事，让消费者从故事中看见自己或者与自己相关事件的缩影，使消费者产生代入感，从而愿意为产品买单。

例如，江小白的讲故事技术可谓炉火纯青，短短一句话，便能让消费者产生代入感，如：

> 愿意赴约的朋友，不怕麻烦，也不忙。

消费者在看见这句文案时，便会想到自己的朋友是一直用"忙"这个借口推脱聚会，还是"朋友不远千里也要来见上一面"？只一句话，便让消费者联想到自己与朋友们交往的小故事，让消费者将文案中的情感带入到自己身上。从而加深消费者的印象，当有朋友聚会喝酒的需求时，便会下意识地点上一瓶江小白来品尝一下。

9.2.6 优惠刺激，促成交易

在文案的结尾之处，可以放上优惠信息，制造利益点，刺激消费者的购买欲，促成交易的达成。例如，某PS学习课程产品的文案：

> 原价50元，现价39元。39元，你只能喝一杯星巴克，不如来这里学习PS，给大脑加顿餐，提升自己的职场竞争力！

这篇文案中加上了优惠消息，并用对比的手法，让消费者感觉到"这个课程真便宜"，从而刺激成交。

第9章　电商文案：要想产品大卖，你的电商文案应该这么写

在文案的末尾放上打折、促销、补贴、可领取的减免优惠券等信息，都是优惠刺激，你可以用更加人性化的表达方式表达出来，这都能够起到临门一脚的作用。

【读者挑战】假设你开了一家化妆品店，"双11"活动在即，你为了冲销量，在"双11"之前，推出了店中产品的预售活动。你可以根据上述方法创作出怎样的文案？

9.3 访客量暴涨，入口文案怎么写才能最吸睛

一年一度的"双11"活动是各个电商商家促销的绝佳机会，各个商家都将全面进入"备战"状态，开启预热活动。在这场电商的争夺战中，流量是商家争夺的对象，越多的流量意味着越多的销量。

"双11"活动能够招来多少流量、变现多少流量，关键要看入口文案"吆喝"得好不好。那么，应该如何创作入口文案，吸引消费者的目光？

9.3.1　入口文案需要解答三个问题

在创作入口文案之前，你需要明白销售额的计算公式：访客量×转化率×客单价=销售额。访客量是转化率的基础，有访客量，才有转化率。能够提高转化率的电商入口文案需要解决以下三个问题：

1. 消费者为什么要买你的产品

要解答这一问题，就需要你在提笔之前对产品有一个详细的了解，最好先将产品的详情在纸上列举出来，然后与同类型的产品进行对比，从而提炼出最吸引消费者的卖点与产品优势。例如，vivoX70Pro手机的电商文案：

> 看：居中单挖孔的曲面屏。
> 拍：四颗镜头的像素分别为5000万像素主摄+1600万像素超广角+800万像素长焦+200万像素镜头，增强成像效果。
> 配置：骁龙888P处理器。

直接从三个角度，阐述vivoX70Pro手机与其他手机的不同之处，并将其主打优势作为卖点向消费者展现出来。

2. 消费者为什么要在你的店铺购买这个产品

要想解答这一问题，就需要突出你的店铺的优惠活动信息，向消费者展示你的店铺产品很便宜。例如，在电商文案中写明"第二件半价""原价300元，券后260元""下单5折优惠"等，能够体现优惠、折扣力度的语句。

3. 消费者为什么要现在就下单

要想解答这个问题，就需要你在电商文案中表现出活动限时，让消费者产生"机不可失，时不再来"的认知，促进消费者快点下单。

你可以在电商文案中，表明活动期限，或者直接将活动倒计时放在文案页面，提醒消费者活动的限时性。例如，阿玛尼口红"双11"活动的文案，如图9-5所示。

图9-5　阿玛尼口红"双11"活动的文案

图9-5中的文案直接加上了时间期限"10.21–11.10",在付款通道处还显示了预售活动结束时间,提醒消费者赶快下单,否则就会抢不到货。

9.3.2 抓住人性弱点

除了要解答上述三个问题,你还需要在电商文案中,抓住人性的弱点,才能直击人心,提高消费者的购买率,将流量变为销量。

其实电商文案可以抓住的人性弱点有许多,如嫉妒、好奇、攀比、慵懒、爱美、孤独等。所有能够引起消费者情绪变化、激发消费者某种情感的电商文案,都抓住了人性的弱点。例如,某护肤品的电商文案:

> 她可爱美丽,要什么都易如反掌。
> 你脚踏实地,要什么都要拼尽全力。
> 不得不承认,人生实在不公平。
> 上帝欠你的,我们将加倍还你。

这句电商文案便是利用了消费者的嫉妒与攀比的人性。先将漂亮女孩与普通女孩做对比,激起消费者羡慕嫉妒的情绪,在最后又用"好处"来诱惑消费者,引导消费者下单。

当然,你在利用人性的弱点时,要把握分寸,不能出现贬低消费者的语句,或者与主流文化不符、低俗、媚俗的语句,否则会引起消费者的反感。

在去年的"双11"活动中,有许多消费者都吐槽说:"要想占便宜,你得学好奥数!"因此,你在创作电商文案时,尽量做到清晰明了,不要绕圈子,将优惠折扣、消费者能够得到什么好处直接写明,迎合消费者"想懒一下",又想占一点便宜的人性弱点。

9.3.3 宣传优惠活动

能够提高转化率的电商文案,一般会在文案中宣传优惠活动,因为利益点是消费者购买产品的动力之一。一般而言,这类电商文案一般包含这五个因素:主语、限定词、价格、玩法、氛围词。并将之任意组合,便能创作出一条电商文案。例如:

> iPhone8（主语）直降500（价格），21点组团（玩法）开抢！（创造激烈的氛围）
>
> 全店（限定词）满万返千、全场2件5折、低至5折、5折起、不止5折！（价格）
>
> 1元（价格）爆款秒杀，iPhoneX现货火爆（氛围）开抢！

从上述案例中，我们可以了解到，在电商文案中，价格是一定要表现出来的因素，因为这是利益点最直观的表现。针对这些词语，我总结出了一些可以直接运用到电商文案中的关键词（见表9-1）。

表9-1　电商文案关键词

5个因素	关键词
主语	尖货、爆款、好货、精选、网红产品、×××同款、平价替换等
限定词	限量、限时、仅限学生、全场、折扣专区、跨店等
价格	两折、优惠、赠品、分期免息、满×元减×元等
玩法	领券、组团、抢购、限时抢、1元购、分享得好礼等
氛围词	火爆、疯抢等

表9-1中的关键词可以用"价格+任意关键词"，组合成转化率高的电商文案。例如，今年"双11"的活动界面中，便出现了"跨店400减50""限量半价""抢千元代金券""瓜分20亿"等关键词，这些都是宣传优惠活动的信息。可以直接用到电商文案中。

9.3.4　价格分割

当然，家电、名牌包等产品，售价较高，即使有优惠活动，消费者也可能不愿意一次性支付大额款项，因此，你还可以在电商文案中，将价格分割，提升消费者购买的概率。

价格分割实际上是一种心理策略，分期付款便是主要的方法，当产品单价过高时，将价格转换成小额款项。相关后台数据分析表明，这样的方法会使点击率和下单率提高。

例如，在2020年的"双11"活动中，苹果官方旗舰店价格为8699元的iPhone

11 Pro手机的售卖页面，直接在文案的末尾处，写下这样一句话："24期分期免息"。

24期免付支付，相当于每个月只用支付360多元，将苹果手机的价格变成消费者可以轻松支付的价格，刺激了潜在的消费人群。

如果你既是电商商家，也是文案作者，那么在进行价格分割时，也要注意产品的优惠定价，定价的最后一个数字最好使用"8""9"这样的数字。虽然"99"与"100"差距只有1元，但在感官上，100元达到了三位数，而99元只有两位数，让消费者在心理上认为，99元便宜得多，让消费者有一种占到便宜的感觉。

9.3.5 凸显服务水平

在淘宝、天猫等电商平台上，商家多如牛毛，即使有时设置优惠，也无法从同类产品中脱颖而出。要解决此类情况，便要在电商文案中凸显自身的服务水平。

如果你的产品是家电类产品，就要突出安装与保修服务；如果你的产品是手机、电脑等体积小的电子产品，则可以突出保修服务与以旧换新服务，建立整条服务链。

这种凸显服务水平的电商文案也有许多，例如，某品牌专卖店推出的电商文案：

> 周一开门红，买贵必赔！
> 爆款领券减400，再送豪礼！

"买贵必赔"就是凸显服务水平的关键词，让消费者购买产品后有保障，从而使消费者对产品产生信任感，促成下单。像这样的关键词还有"三年保修""假一赔三"等。

以上便是提高电商店铺"双11"访客量，打造吸睛的电商入口文案的具体方法，希望对你有参考意义。

【读者挑战】假设，你是一家品牌折扣店的店主，目前正上新了一款明星同款毛呢大衣，并且正在准备"双11"活动，试着根据上述方法创作出吸睛的电商文案吧！

9.4 一份转化率超85%的详情页文案模板

在电商行业，创作文案的目的就是将阅读文案的流量转化为卖货销量。接下来，我将向你分享转化率高达85%的文案模板。文案各因素的转化率比例详情如图9-6所示。

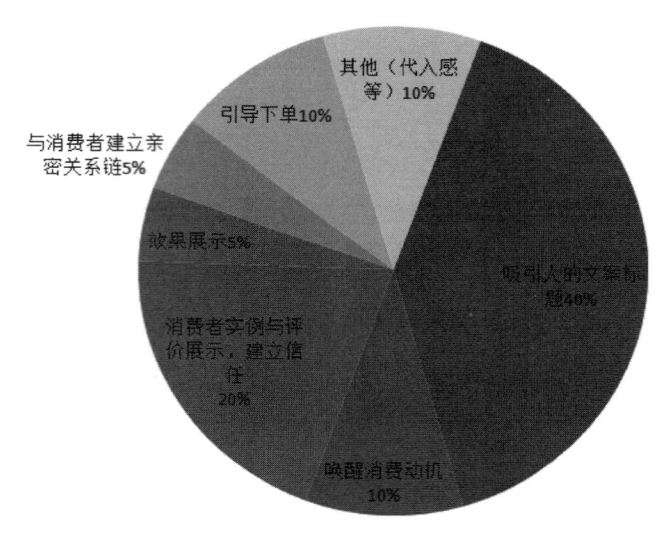

图9-6 文案各因素的转化率比例详情

根据图9-6，你可以学习并打造转化率超过85%的文案，其具体步骤如下：

9.4.1 提前准备，先利其器

你在为电商产品创作文案前，要做好准备工作，对产品进行一个全方位的掌握与了解，只有这样才有机会创作出直击消费者内心的文案。在提笔之前，你一定要能回答出下列问题：

文案的产品对象是什么？该产品的定位是？该有怎样的特征与优势？目标群体是？

这篇文案会被谁看到？他们看文案的目的是什么？

目标消费者对该产品有着怎样的期待？他们对价格的涨跌是否敏感？

消费者必须购买这款产品的理由是什么？

通过上述问题对你需要卖出的产品、细分市场、目标消费者有一个较为完整的认知，这是创作出转化率高的电商文案的前提。

9.4.2 用好标题打开流量入口

选择一个好标题，相当于成功了一半，可以为文案带来点击量，为流量转化为销售额打下基础。

一个能够带来流量的标题，必然包含以下几个维度的关键词：使用成本、效果、金钱、对比、数字、紧迫性、荣誉感、故事、悬念、热点、明星、利益等。

例如，某平台推出的精品课程的文案标题为：

《如何用1小时进入陌生知识领域》

在这个文案标题之中，使用成本就是"1小时"，使用效果就是"进入陌生知识领域"。整个文案通过一个疑问句的形式，设置了悬念，让消费者思考："我能够进入怎样的知识领域？"这种关键词组合的形式，使该文案的完读率得到了大幅提升。

又如，某品牌的口红推出的文案标题如下：

《×××（明星姓名）都叫好的神仙色号，不用发工资就能买得起！》

在这篇文案之中，"不用发工资就能买得起"代表着金钱，"×××"是明星关键词，整个标题为消费者设置了悬念：究竟是什么色号能够获得×××（明星）的青睐？

我们再来看看在短短几年之内崛起的完美日记，该品牌在各个平台的推广、文案标题部分如下：

《这些某宝月销过10万的国货口红，几十块挺好用的》

《拔草了MD安瓶、完美日记、气味图书馆，今年大热的"网红产品"》

《连国外小伙伴都疯狂痴迷的国货彩妆，第三个真的没话说》

《国货眼影测评2：橘朵-完美日记-VNK-Tasu-Hold live》

《完美日记、HFP、稚优泉……10年后的自然堂、玛丽黛佳？》

这些标题包含了上文中的"金钱""对比""悬念"等关键词，并进行组

187

合，吸引消费者点击阅读。正是这些具有吸引力、以内容为主的文案让完美日记在小红书上获得了135万多人次的流量。这些标题便是一个个名副其实的流量入口。

你在创作电商文案时，可以运用上述维度的关键词，根据产品的特点进行选择组合，打造产品的流量入口。

9.4.3　唤醒消费动机

你需要了解"消费者为什么要购买你的产品？"这一问题，才能唤醒消费者的消费动机。

有时，消费者对你的产品有需求，但他并没有意识到自己的需求，这就需要你用文案让消费者意识到自己的需求。并且，这样的需求往往与消费者想要解决、但未解决的某些问题相关联。我们先来看看下面的电商文案：

> 每次送的礼物，女神都不喜欢？你差一本送礼攻略！
> 3天学会穿衣搭配，与"老土"说再见！
> 一款诱惑力十足的眼妆，让你气场全开！

上述这三条句案都是从眼下待解决的问题出发，即便是一些会挑礼物、会搭配衣服、会化眼妆的消费者也会点进来看看，学习一些新知识。更别提那些本身不会，但心里有相关渴望的消费者。

除了解决当下问题，还可以避免将来发生问题，防患于未然。例如：

> 存钱的最好方式便是理财，来××理财，让你后顾无忧。
> 补充身体所需营养，为身体健康投资。

这两句文案便是表述产品对未来的影响，来唤醒消费者的消费动机。第一句告知消费者的信息是解决未来的财务危机，第二句让消费者产生这样的想法：虽然现在我的身体很健康，但如果不好好保养，未来可就说不定了。因此，消费者会购买产品，防患于未然。

又如：

> 给那些不会为丈夫省钱的妻子——一位妻子的建议。
> 一款粉底液如何让一位相貌平平的女孩变漂亮？

这两句文案便是从社会认可、他人认可、自我认可的角度出发，让消费者产生"如果我买了这些产品，将会变得更优秀，获得认可"的认知，从而唤醒消费者的消费动机。

从上述案例可以看出，唤醒消费者的消费动机，就必须让消费者意识到自己的需求，才能促成成交。

9.4.4　与消费者建立信任

建立信任的方法在上文中也提到了许多，电商的文案用到最多的方法就是通过具体描述来向消费者表明：我的产品可以解决你的问题。具体表述可以从以下两个方面来着手：

1. 产品本身

创作电商文案的目的是卖货，如果在创作文案的过程中，你无法向消费者充分地展示产品的优势，消费者可能不会去购买。某个销售课程的电商文案内容如下：

> 本课程有三个大神级人物参与研发，经历了100多个日日夜夜，先后经过不下五次的修改完善，力图打造最科学、最有效的销售课程体系。通过三个月的学习培训课程，你将会成为销售界的高手。

这样写可以让消费者感受到你的课程的效果，从研发过程到最终效果，一一向消费者说明，让消费者对课程形成一个全面的了解，并对该课程形成"好厉害"的认知。

2. 提升文案的说服力

第一个方法是"自卖自夸"，第二个方法就是通过他人之口，表现产品的功效与优势。最好的方式就是加入其他消费者的使用体验，让消费者根据对方的描述，判断是否购买该产品。

依旧以上述的课程为例，在展示你自身的产品后，可以继续用其他消费者的评论或者实例，来提升可信度。例如：

> 今天，我收到了销售员小丽的感谢信，她告诉我：
> 过去，对我来说，销售难于上青天，面对客户无法开口，我一度要放弃自己了。直到我参加了××老师的课程培训，一切开始变得不一样了……

在列举消费者的案例时，尽量用消费者的原话，体现真实性。如果原话内容很多，可节选重要的部分，并将截图附在文案中，提升其他正在观望的消费者的信任感。

9.4.5 用尽"手段"促成成交

通过上述几个步骤，已经有80%的消费者愿意下单了，但还是有部分有需求但不愿意下单的消费者。你要知道，消费者看到这里，已经证明了他有需求，也有购买的欲望，但他就是不下单，出现这种情况的原因便是价格。

如果你在末尾只是用"本次课程原价180元，现价100元"这样平淡的描述，是无法打动消费者的。因为消费者只知道你的课程降价了，但不知与其他同类型的课程相比，是否更加优惠。因此，你可以直接给出参考物：

> 本次课程原价180元，现价100元。平均一节课5元，就是一顿早餐钱。坚持学习20节课，由销售菜鸟成长为销售高手。

你还可以这样写：

> 花100元吃一个蛋糕，收获的只是卡路里和赘肉，不如来这里听20节课，提升自己的销售技能。

上述两篇文案便是通过展现优惠、做出对比的方式，让消费者产生"这真划算"的想法，从而引导消费者下单。

通过上述五个步骤，可以创作出大多数产品的电商文案，你学会了吗？

【读者挑战】假设你正在为一款电动牙刷推广引流，该产品原价322元，现价210元。请根据以上步骤，创作出一篇文案。

9.5 好文需要配好图

文案可以通过短短的几句话便让消费者对产品有较为深刻的认知，但并不能让消费者对产品形成直观的认知。消费者无法了解产品实物，在下单时，可能会

第9章　电商文案：要想产品大卖，你的电商文案应该这么写

犹豫不决。要解决这种情况，配上一张图片即可。好文配好图，激发消费者购买欲。

那么，如何给好的文案配上合适的图呢？

9.5.1　给卖点配上图片

卖点是文案必须凸显的内容，用图片展示可以让消费者对卖点有一个直观的认知，让消费者对产品的外形、特点的印象更加深刻。例如，马应龙口红的这篇文案就是一个卖点配置一幅图，让文案更加清晰明了（见图9-7）。

图9-7　马应龙口红的卖点文案+配图

在上述文案中，"马应龙的包装运用了中国传统色系"，如果你直接用文字表达包装运用的颜色有"赭石色""玉纹蓝"，会让消费者不明就里，产生疑惑：玉纹蓝是哪种蓝色？是浅色还是深色？

在文案后直接将颜色用图片表现出来，可以让消费者恍然大悟，感叹一句"原来这就是玉纹蓝啊，真好看！"随后该文案在正式介绍马应龙口红的颜色

191

时，直接用图片，将口红涂在嘴唇上的效果表现出来，让消费者对口红的滋润度、是哑光还是镜面有一个具体的印象。

消费者往往更加相信自己所看见的信息，而图片就是让消费者自己去看、自己去判断。再与文字结合，向消费者展现一个立体的、有画面的产品信息介绍，提升消费者对文案与产品的信任度，提高消费者的购买率。

9.5.2　用真人出镜的图片

在文案中介绍产品功效时，可以采用真人出镜的图片，让文案更具说服力，同时使消费者更加认可产品卖点的真实性。

你在淘宝上决定是否买一件衣服时，必定会参考其他买家的评价，有图片的评价阅读量明显高于纯文字评价。创作文案也可以借助这种现象，设计真人图片，达到买家秀的效果。

例如，兰蔻官方旗舰店推出的196色号的雾面哑光口红，在文案中直接放上明星的真人试妆效果，让消费者从真人的整个妆面来判断，这个色号的口红能够凸显使用者怎样的气质，了解口红带来的整体效果，然后决定自己是否入手。

真人出镜图片的使用，除了让消费者对产品有一个更加直观的认识，还可以增加文案的说服力，特别是使用前与使用后的真人对比图片，可以让消费者从对比差异中了解产品功能，提升产品的可信度。

9.5.3　让图片说话

让图片说话，就是直接用图片向消费者展示产品信息，对文案的文字内容起到一个补充说明的作用。有许多文案创作者，在创作文案时会走入误区，即便有一张好图片，也无法发挥其效果。

1. 要避免图片上出现大量文字

在文案中，文字是主题，图片是辅助工具，如果你在图片上用过多的文字，会喧宾夺主，让消费者觉得文案的文字内容都是在为图片服务，因此会忽略文案的文字内容，如图9-8所示。

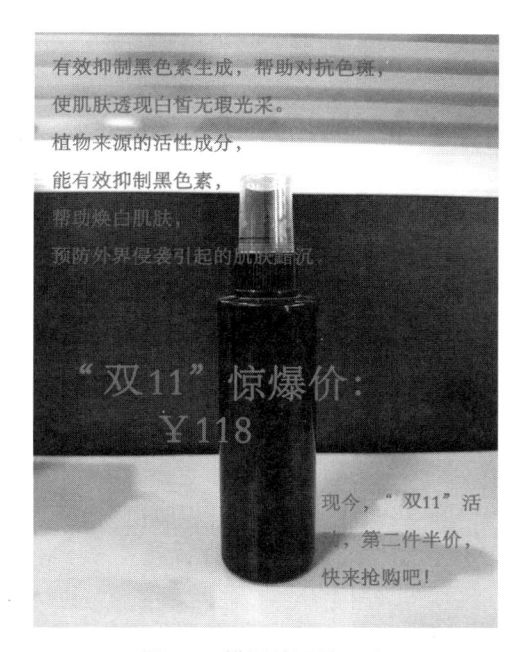

第9章　电商文案：要想产品大卖，你的电商文案应该这么写

图9-8　错误的图片用法

图9-8中就是在图片上加入大量文字，会让消费者产生阅读疲劳。太多的文字遮挡住图片，对消费者获取产品信息造成较大的干扰。而且从整体上会拉低产品的档次，让消费者感觉这款产品就像是"三无"产品，不利于与消费者建立信任关系。最重要的是，任何人对美都有向往之情，大量文字会破坏图片的美感，降低消费者的购买欲。

2. 要避免图不对题

图片要放在正确的位置，才能"活"起来，真正起到补充文案的作用。在文案中插入图片时，一定要选择与主题、卖点相关的图片，不要加上一些无意义的图片，否则会降低文案的可读性。

9.5.4　根据情况插入动图或者视频

在电商文案中，消费者只能对产品的外观、颜色等卖点进行直观了解，但在一些特定情况下，可以选择动态图片或者视频，来展示产品的其他卖点，如性能等。

某家线上日用清洁产品售卖店铺，最近上新了日本的一款洗衣液，为了凸显其强效清洁功能，创作了这样一句文案：

193

> 用××洗衣液的地方，没有污渍。

单看这样一句文案，只让消费者知道了该洗衣液的清洁功能强，具体有多强，消费者也无从得知。但在这一句文案后配上了一个动态小视频，内容就是用洗衣液洗一件沾满各种污渍的白衬衫，洗完后衬衫如同新的一样。

通过视频与文案的配合，向消费者展现了可估量的情节效果，提高了消费者的购买率。

你在创作类似的电商文案时，可以根据产品情况，选择动态图片或者视频，对文案与产品信息做一个有力的补充与解释，加深消费者对产品信息的理解，促成成交。

【读者挑战】如果你正在创作一篇关于健身器材的电商文案，你可以选择哪些图片来对文案内容进行补充与说明？你会选择哪些图片来展示产品的卖点？

9.5.5　价值锚点式模板

使用价值锚点式模板文案的目的便是告诉消费者产品很便宜，并通过明显的数字对比，让消费者也觉得这很便宜，从而引导消费者下单。其具体的写作模板如下：

××真划算（吸引消费者的注意力）！

原价×××元，现价××元。前10名下单，还赠送大礼包，价值××元（价格对比）。

先到先得，你还在等什么？（引导下单）

例如，某舞蹈工作室的课程产品文案，如图9-9所示。

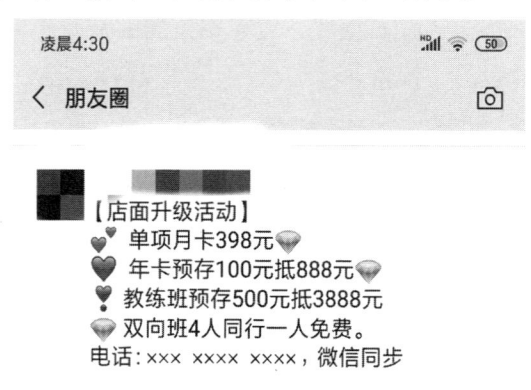

图9-9　某舞蹈工作室的课程产品文案

9.5.6 凸显稀缺性模板

该模板就是展现产品的稀缺性，让消费者产生紧迫感，从而催促消费者下单。其步骤为：证明价值——凸显产品稀缺性——引导购买。其具体写作模板如下：

××产品是经过××验证的优质产品。（证明价值）

一年只有一次，机不可失，时不再来，今日过后，产品恢复原价。（凸显产品稀缺性）

要购买的小伙伴迅速扫描下方二维码抢购。（引导购买）

例如，某宠物医院的朋友圈文案，如图9-10所示。

图9-10　某宠物医院的朋友圈文案

9.5.7 口碑经验式话术模板

该模板就是通过产品或者你的口碑来吸引消费者，并将你自己的使用体验与心得放进来，提升消费者的信任感，激发购买欲。其步骤为：描述真实体验——展示产品效果——激发购买欲望。其具体写作模板如下：

我也是×牌产品的忠实粉丝，也售卖这款产品多年。用了×产品后……（真实体验）

感觉×不错，适合某类人群使用。（展示产品效果）

现在购买，还可以免费领取××赠品。（激发购买欲）

从上述文案模板中可以看出，能够卖货的文案，必定要满足以下几个条件：引人注目、激发购买欲望、赢得消费者信任、催促下单。当你在创作朋友圈文案时，不妨借助上述模板一试。

【读者挑战】假设你正在朋友圈销售某明星代言的法国娇兰口红344色号，根据上述模板，来挑战一下自己，创作七个朋友圈文案吧！